31个揭秘历史的考古传奇

伟大的考古学家与探险家

[意]马克·罗斯 [比]埃蒂·博恩-穆勒 [意]乔治·费雷罗 著
尚一墨 译

華中科技大學出版社
http://www.hustp.com
中国·武汉
有书至美
BOOK & BEAUTY

图书在版编目（CIP）数据

伟大的考古学家与探险家：31个揭秘历史的考古传奇／（意）马克·罗斯（Mark Rose），（比）埃蒂·博恩–穆勒（Eti Bonn-Muller），（意）乔治·费雷罗（Giorgio Ferrero）著；尚一墨译. -- 武汉：华中科技大学出版社，2020.7

ISBN 978-7-5680-6158-2

Ⅰ.①伟… Ⅱ.①马… ②埃… ③乔… ④尚… Ⅲ.①考古发现－世界 Ⅳ.①K86

中国版本图书馆CIP数据核字（2020）第079418号

WHITE STAR PUBLISHERS

WS White Star Publishers® is a registered trademark property of White Star s.r.l.

Piazzale Luigi Cadorna, 6
20123 Milan, Italy
www.whitestar.it
This edition first published in China in 2020 by Huazhong University of Science and Technology Press, Wuhan City.

湖北省版权局著作权合同登记 图字：17-2020-065号

伟大的考古学家与探险家：
31个揭秘历史的考古传奇

Weida de Kaoguxuejia yu Tanxianjia: 31 Ge Jiemi Lishi de Kaogu Chuanqi

[意] 马克·罗斯
[比] 埃蒂·博恩–穆勒 著
[意] 乔治·费雷罗
尚一墨 译

出版发行：华中科技大学出版社（中国·武汉） 电话：(027) 81321913
北京有书至美文化传媒有限公司 (010) 67326910-6023
出 版 人：阮海洪

责任编辑：莽 昱 舒 冉
责任监印：徐 露 郑红红 封面设计：邱 宏

制 作：北京博逸文化传播有限公司
印 刷：北京汇瑞嘉合文化发展有限公司
开 本：787mm × 1092mm 1/8
印 张：36
字 数：90千字
版 次：2020年7月第1版第1次印刷
定 价：298.00元

华中出版

本书若有印装质量问题，请向出版社营销中心调换
全国免费服务热线：400-6679-118 竭诚为您服务

第1页图 19世纪末，法国艺术家路易·德拉波特（Louis Delaporte）在柬埔寨进行了一次探索之旅，随后他绘制了这张吴哥遗迹的草图。

第2页图 这张拍摄于19世纪晚期的照片描绘了挖掘初期的迈锡尼（Mycenae）狮子门。

第6页图 这尊被称为“A”的青铜雕像（同时发现两尊雕像，以A、B区别）是古希腊雕像伟大的杰作之一，它于1972年在里亚切（Riace）海岸（意大利卡拉布里亚）附近被发现，收藏于雷焦卡拉布里亚国家考古博物馆（National Museum, Reggio Calabria）。

目录

前言

考古学见证了人类伟大的发现，承载了众多激动人心的故事，例如十八王朝法老图坦卡蒙（Tutankhamun）的黄金面罩、7世纪帕伦克（Palenque）统治者帕卡尔（Pakal）的玉器这样珍贵文物的出土面世。考古学家们过去所取得的惊人发现，比如对尼尼微（Nineveh）亚述宫殿遗址的发掘，可以与现今对托勒密王朝首都亚历山大水下废墟的测绘与修复相媲美。

但是考古发现并不是学者们的专利。探险家也做出了贡献。二百多年以前，约翰·布尔克哈特（Johann Burckhardt）是第一位发现佩特拉古城（Petra）遗址的欧洲人；海勒姆·宾厄姆（Hiram Bingham）使马丘比丘（Machu Picchu）成为国际关注的焦点；一只走失的山羊使《死海古卷》(*Dead Sea Scrolls*）重见天日；一名失业的金属探测器爱好者无意中发现了一个巨大的盎格鲁-撒克逊族（Anglo-Saxon）宝藏。这些偶然发现的故事继续震撼着、鼓舞着人们。

在学术界，异议者总是有一席之地的。1920年，考古学家们认为帝王谷（埃及的王室墓地）已经枯竭。然而，霍华德·卡特（Howard Carter）确信，至少有一个法老，即图坦卡蒙的坟墓还没有被发现。1922年11月，一个决定命运的日子来临，他的工人们发现了通向一扇门的石灰岩阶梯，上面涂满泥浆，还盖着墓地祭司的封印：一只胡狼和九名俘虏的图案。卡特后来回忆道："起初我什么也看不见，热气从墓室里逸出，致使蜡烛的火焰闪烁不定。但不久，我的眼睛逐渐适应了光线，房间里的细节慢慢从雾气中浮现出来，有奇怪的动物、雕像，到处都有金色的闪光。"

但是考古学并不总是与古王国迷人宝藏的发掘有关。最令人难忘的要数庞贝（Pompeii）和赫库兰尼姆（Herculaneum）居民化石的发现。公元79年，这些民众在试图逃离维苏威火山（Mount Vesuvius）爆发后落下的炽热火山灰时被凝固了。小普林尼（Pliny the Younger）十几岁时亲眼看到了这一可怕的场景，并记录下这一事件中令人毛骨悚然的细节："你可以听到女人的嚎叫、婴儿的啼哭和男人的呼喊……他们垂死挣扎，有些人因恐惧而乞求死亡。"

这些场所在古代被遗弃了，几乎被遗忘，直至1748年3月，测量工程师罗科·焦阿基诺·德阿尔库别雷（Rocco Gioacchino de Alcubierre）开始在庞贝和赫库兰尼姆为西班牙王室执行寻宝任务。他的发掘工作最终引起了德国学者、古希腊文化爱好者约翰·温克尔曼（Johann Winckelmann）的注意。温克尔曼是著名的艺术史学家，以他对遗址游历的详细论述而闻名，也被称为"古典考古学之父"。他后来记录了对古城早期发掘工作进展的失望："在庞贝开展的地下工作是最有希望的，因为在这里，他们不仅可以确定是在一个大城市里一步一步地向前推进，而且已经找到了它的主要街道……（然而，这项工程）在以非常缓慢和懒散的方式来推进……庞贝这座城市的规模是众所周知的，而在我上一次的考察中，却发现只有8人在废墟上工作。"

考古学还试图解开古代的谜团，并描绘人类历史的进程。托马斯·杰斐逊（Thomas Jefferson）在《弗吉尼亚笔记》(*Notes on the State of Virginia*，1781年）中写道："那些美国土著居民从何处而来是一个重大问题。而那位从堪察加半岛（Kamchatka）航行至加利福尼亚（California）的船长，库克（Cook），他的最新发现已经证明，即使亚洲和美洲两大洲是分开的，那也只是被一条狭窄的海峡所隔开。因此，从这个角度看，那些土著也可能是从这里进入美洲。美洲的印第安人和亚洲东部居民的相似使我们猜测前者是后者的后代，或者后者是前者的后代。"杰斐逊试图解释新大陆是如何被殖民的，随后1784年，在西弗吉尼亚州对一座古墓展开的挖掘被认为是第一次科学的考古挖掘。但实际上考古学这个概念要比杰斐逊老得多。

哲学家柏拉图（Plato，公元前428—前348年）在他的《大希庇亚篇》(*Hippias Major*）对白中使用了考古学

（archaiologia）一词。在对话中，苏格拉底（Socrates）与游历四方的诡辩家希庇亚斯（Hippias）讨论了美的定义，希庇亚斯注意到斯巴达人只对一个主题感兴趣：

苏格拉底问："嗯，什么是他们喜欢听的，能让他们听完鼓掌的？你跟我讲一讲，我弄不明白。"

希庇亚斯回答道："有关英雄和人类谱系的，还有关于'在古代城市是如何建立的'事情，总之都是'考古学'，这是他们最喜欢听的。"

斯巴达人并不是希腊人中唯一对古代世界感兴趣的。公元前5世纪的历史学家希罗多德（Herodotus）是首批旅行者，他记录下了有关2000年前吉萨大金字塔（the Great Pyramids of Giza）是如何建造的各种理论。1世纪的历史学家帕夫萨尼亚斯（Pausanias）参观了青铜时代晚期雄伟的迈锡尼和梯林斯（Tiryns）遗址。他说："城墙的一部分仍然存在，包括城门以及立在上面的狮子。他们说这是建造了梯林斯围墙的库克罗普斯（Kyklopes）所作的。"

然而，罗马人是较早收集古希腊、小亚细亚（Asia Minor）以及埃及古代遗迹和手工艺品的人。他们在古科林斯（Corinth）的坟墓里盗掘文物用来装饰他们的房屋。公元前6世纪刻有铭文的埃及方尖碑在1世纪或2世纪被带到了罗马，至今仍矗立在弥涅耳瓦广场（Piazza della Minerva）上。这些铭文会在象形文字的破译中发挥关键作用。

大约18个世纪之后，当拿破仑·波拿巴（Napoleon Bonaparte）同那些1798年随他远征的学者们重新探索古埃及时，人们对古文物的热爱被重新点燃。不久之后，整个欧洲都被类似多米尼克·维旺·德农（Dominique Vivant Denon）在《上埃及和下埃及的旅行》（*Travels in Upper and Lower Egypt*）中所记述的内容给迷住了，在欧洲掀起了一股对埃及文物的收藏热。乔瓦尼·贝尔佐尼（Giovanni Belzoni）是最早一批收集并运回文物的探险家之一。

"穿过这些长达两三百米的通道后，你通常会发现一个较为宽敞的地方，也许高到可以坐下。但这哪里是个能静心安坐的地方啊！四周全是尸体，到处都是木乃伊。在我习惯眼前的景象之前，这些一直令我感到恐怖……在这种情形下，我一直保持着警觉，而且经常筋疲力尽、近乎晕厥地返回。直到最后我习惯了这一切，可以从容面对，只是除了总是呛到我的喉咙和鼻子的尘土；尽管我的嗅觉已迟钝，很幸运，我还是可以感觉到这些让人难以忍受的木乃伊的味道。"

有些人则根据古代文献寻找传说中的遗址。19世纪70年代，海因里希·谢里曼（Heinrich Schliemann），一个痴迷、古怪、富有的人，决心证明特洛伊战争不只是一个神话。当他在迈锡尼发掘出黄金面罩时，声称自己已经"凝视过阿伽门农（Agamemnon）的脸"。在他早期对特洛伊的探索，他发掘出一件神奇的青铜时代早期的宝藏，他相信这就是注定短命的特洛伊国王普里阿摩斯（Priam）的宝藏。在他对这一发现的描述中，他写道：

"当其他人在吃饭和休息的时候，我用一把大刀切开了宝藏，如果不尽最大努力、不冒我生命中最可怕的风险，这是不可能做到的，因为我不得不在这座伟大的防御墙下挖掘，而它随时可能坍塌并将我掩埋。可是，看到这么多文物，每一件都对考古学有着不可估量的价值，我就冲动鲁莽起来，置危险于不顾。然而，如果没有爱妻的襄助，我是不可能把这些财宝运走的。她站在我身边，准备把我找到的东西用她的披肩包裹带走。"

他的妻子索菲娅（Sophia）后来作为模特展示了这个宝藏中的珠宝。

谢里曼激发了其他人去进一步考察这个在他铁锹之下第一次为人所知的前古典时期的希腊。在世纪之交，阿瑟·埃文斯（Arthur Evans）爵士发掘了克诺索斯（Knossos）宫殿，成为第一位发现青铜时代克里特岛（Crete）伟大文明的人。他以克里特岛的传奇国王的名字米诺斯（Minos）命名其为“米诺斯文明”。在一次演讲中，他谈到这一发现时说：“让我们想一想，近年来所谓的‘史前考古’(Prehistoric Archaeology)为我们提供的帮助，而实际上，在开拓我们的历史视野方面，史前考古从未像现在这样具有历史意义。它已经拉开了帷幔，透射出晨光。在《圣经》编年史出现之前，那些先入为主的常常引伊壁鸠鲁（Epicurus）和卢克莱修（Lucretius）发笑的关于人类艺术和制度起源的观念，就像梦中虚幻的影子一样已经被驱除了。”

伟大新世界（New World）文明的遗迹在19世纪时也曾被发掘过。敏锐的观察者、作家约翰·斯蒂芬斯（John Stephens）和才华横溢的艺术家弗雷德里克·卡瑟伍德(Frederick Catherwood）率先对中美洲和墨西哥的玛雅城市进行了准确的描述和记录。在描述9世纪的拉布那（Labná）城时，斯蒂芬斯在他的《尤卡坦纪闻》(*Incidents of Travel in Yucatán*，1843年）中写道：

“墙上的形象和装饰是画上去的；在岁月的磨损下，鲜明的色彩依然可见。如果一位来自旧世界的孤独旅行者碰巧在这座原始城市还很完美的时候造访了它，那么他的叙述可能会比东方故事里的任何内容都要离奇，就像《天方夜谭》的一个主题。”

如果说19世纪是一个重新发现的世纪，那么20世纪初则是大规模挖掘的黄金时代，比如伦纳德·伍莱（Leonard Woolley）指挥发掘了《圣经》中亚伯拉罕（Abraham）的出生地乌尔(Ur)。尽管他雇用了多达300名当地工人，伍莱仍是位一丝不苟的考古学家。1922年，在他的早期发掘中，他发现了乌尔的王室墓地，预示着这里埋葬着成千上万的墓葬和珍宝，与图坦卡蒙的墓葬不相上下。伍莱明白妥善挖掘这些文物的重要性，于是他让那些没有经验的工作人员转去挖掘古老的泥砖建筑。他说，“挖掘墓葬的细致工作，对于我们刚刚招募的这些完全没有受过训练的伙计来说，是很难做到令人满意的。”仅仅4年后，他又带着那些能够直面挑战的工人们回到了墓地。

一些伟大的考古发现是在偶然情况下实现的，包括中国第一个皇帝秦始皇的兵马俑。1974年，农民们在挖井取水时发现了这些陶俑以及他们的青铜战车和武器。这些陶俑和马俑在秘密守护了这位伟大统治者的陵墓2000多年后才被发现。当数以千计的这些独特兵马俑在西安附近被发现并引发全世界的关注时，秦始皇令人惊叹的长眠之地像公元前2世纪的中国历史学家司马迁所描述的那样仍沉眠于地下。在《史记》中，他写道：

“九月，秦始皇被葬在骊山。当这位皇帝刚继承王位时，他便开始在骊山建造王陵。后来，他统一了全国，便从全国各地调遣了70多万人来此施工。他们一直挖到地下泉源的第三层，接着融灌青铜浇铸成棺椁。宫殿、观景塔和百官的复制品，乃至昂贵的器皿和奇珍异宝，都被运来填满陵墓。守卫们接到命令，要装配好弩和箭，这样他们就能立即射倒任何一个企图闯入墓地的人。水银被用来仿制百川，如黄河、长江以及大海等，这样一种构建方式使得它们看起来像是在流动。墓顶呈现日月星辰，下方是陆地山川。用鱼油点灯，可以长明不灭。”

像伍莱一样，中国考古学家并不急于挖掘秦始皇的陵墓。随着时间的推移，挖掘的方法和技术也会不断改进。

水下呼吸装置，以及近期深海机器人的发明，意味着今天一些考古发现可以在水下完成。大约与西安兵马俑出土同时期，一位来自罗马的化学家、业余的潜水者在度假时于雷焦卡拉布里亚（Reggio Calabria）不远处的里亚切海底得到了一个意外收获。他原本以为海底的那只僵硬手臂来自一具尸体，结果却发现了一对罕见而精致的古典青铜武士雕像。这对青铜武士明显是由一位希腊雕刻家以娴熟之技塑造而成的，很可能是在航运时遭遇猛烈的风暴而沉入海中。

很多未受保护的遗址面临被盗匪破坏的危机。1987年，在里亚切青铜武士像被发现的10多年后，瓦尔特·阿尔瓦

第9页图 霍华德·卡特（跪着的）指着图坦卡蒙的石棺，它被发现于4层镀金棺椁之中。这个1922年的发现引起了全世界对古埃及的兴趣。

右页图 1974年，在西安的一次偶然发现使数千件兵马俑面世，这些兵马俑保护了中国第一位皇帝秦始皇的陵墓长达2200年之久。公元前2世纪的历史学家司马迁所描述的这位伟大统治者的陵墓至今尚未被发掘。

第14—15页图 这枚公元前1世纪的金扣来自阿富汗的地利亚·泰贝，上面描绘了手持盾牌和长矛的两名战士，结合了古希腊马其顿（Greco-Macedonian）和当地的风格（喀布尔国家博物馆）。

（Walter Alva）在秘鲁西潘（Sipán）的村落附近发现了一座已失落1000余年的莫切（Moche）神庙。秘鲁警方在抓捕一位知名的盗墓者时缴获了一批私藏物，这些来自神庙和王室陵墓的文物包括金面具、金银项链和黄金、绿松石的耳饰，引起了搜查人员的注意。阿尔瓦说："那些珍贵宝藏是考古学家梦寐以求的。不仅在和平时期，特别是在动荡时期，古代遗址需要得到保护。"

1990年，科威特国家博物馆遭到掠夺以及近年来对伊拉克博物馆和古迹的破坏就是这种情况的可悲案例，阿富汗的境遇也必须铭记在心。它的国家博物馆位于喀布尔（Kabul）以南10千米处，自1996年塔利班攻入喀布尔，它始终处在前线。大部分的藏品，包括希腊巴克特里亚王国（Greco-Bactrian）系列藏品中从昆都士（Kunduz）出土的600多枚古币，来自贝格拉姆（Begram）的象牙雕刻制品，以及公元前1世纪到1世纪的20,000多件出自地利亚·泰贝（Tillya Tepe）的黄金饰品，都丢失了。2001年，塔利班摧毁了巴米扬（Bamiyan）大佛，人们的恐惧与日俱增。但是在2003年，地利亚·泰贝的黄金和该博物馆的其他杰作又重新出现在人们的视野中。1988年，这些珍贵的文物被存放在中央银行的保险库里。从那以后，喀布尔国家博物馆馆长奥马尔汗·马苏迪（Omar Khan Massoudi）和其他一些人一直在冒着生命危险保护这些文物，将它们藏了大约15年，不让交战各方发现。

今天，我们面临着一个两难的境地。我们是否愿意保护人类的遗产？新技术为我们开辟了广阔的前景。地球物理勘探甚至可以在挖掘开始之前就能揭示地表以下的情况，而卫星图像可以发现古老的商队路线和拥有数千年历史的城墙。骨骼化学研究可以确定一个人在哪里长大，DNA分析可以告诉我们他们的血统以及他们患有什么疾病。10年前认为不可能实现的发现现在触手可及。但是收集原始数据，无论其方法有多么复杂都不是考古学的目标。

"本书中的内容有一个共同的主题，那就是：它们都强调了考古学家们发掘的不是物，而是人。除非他所处理的每个碎片对他来说都是鲜活的，除非他自己能够感同身受，不然很难说他的实践属于考古范畴，"莫蒂默·惠勒（Mortimer Wheeler）在其半个世纪前出版的经典著作《田野考古学》（*Archaeology from the Earth*）中这样写道："简单直接地说，考古学是一门'活着的'科学，必须'融入人性'。无生命的考古学是无意义的尘埃。"

我们对考古学的看法与此相同。接下来的篇章将会展示考古学中一些极为重要、激动人心、关键性的发现，并配以丰富的资料照片和具有历史性意义的图画。当你读到这些伟大的发现和创造这些发现的主人公时，我们希望你能找到自己的兴趣点。让你的想象力尽情徜徉吧，正如你所意识到的，还有一些东西尚待被探索和发现。

（马克·罗斯、埃蒂·博恩-穆勒）

伟大的考古学家

亨利·莱亚德

海因里希·谢里曼

罗伯特·科尔德韦

阿瑟·埃文斯

伦纳德·伍莱

马克斯·乌勒

埃内斯托·斯基亚帕雷利

路德维希·博尔夏特

霍华德·卡特

皮埃尔·蒙泰

阿尔贝托·鲁斯·吕利耶

马诺利斯·安德罗尼柯

维克托·萨里安尼迪

瓦尔特·阿尔瓦

保罗·马蒂埃

让-伊夫·昂珀勒尔

扎西·哈瓦斯

是什么让考古学家变得伟大？是他们对探索未知废墟的那份无法抑制的欲望，对从哪里挖掘入手有着不可思议的知识储备，坚持科学地挖掘，还是及时发表实地报告的能力？考古学上的伟大有许多种定义。本章中所概述的所有考古学家都做了一些真正伟大的事情。他们发现了失落的文明，出土了壮观的珍宝，或是指导了实地发掘，如此具有开创精神的他们实际上已经动摇了某些历史观，有些甚至贡献了一段鲜为人知的历史。他们伟大的原因就像他们来自不同的国家一样千差万别。

英国有许多杰出的考古学家。奥斯汀·亨利·莱亚德（Austen Henry Layard）是一位成功的政治家和外交家，因19世纪40年代发掘了尼姆鲁德（Nimrud）和尼尼微的亚述遗址而闻名。他的贡献主要基于那些他为大英博物馆找回的重要浮雕和雕塑作品，并出版了众多以文笔生动而闻名的书籍，如畅销书《尼尼微及其遗迹》（*Nineveh and Its Remains*），向世界介绍了亚述文化。1900年，阿瑟·埃文斯开始发掘克里特岛上的克诺索斯宫殿，从而提示了米诺斯非凡的青铜时代文明。1911年，埃文斯因其在考古领域的贡献而被授予爵士头衔。他在研究中以富有想象力的方式将神话和现实融为一体，并帮助激发了对前古典希腊的研究热情，这将永远为人们所铭记。

还有霍华德·卡特，他将永远与年轻的法老图坦卡蒙联系在一起。卡特1922年发现了这位年轻的法老尚未被掠夺的坟墓，使其中非凡的宝藏被发现，这些宝藏需要仔细的记录、处理和研究。卡特花了很多年在当地进行考察工作，他同时代的大多数人只会花几周的时间。在牛津大学接受过教育的伦纳德·伍莱领导了大英博物馆和宾夕法尼亚大学博物馆（University of Pennsylvania Museum）在乌尔的联合探险。1927年，他发现了乌尔国王和王后的墓葬（乌尔是《圣经》所记载的希伯来人的始祖先知亚伯拉罕的诞生地）。这座王陵可追溯至公元前2600年至公元前2500年，标志着苏美尔文化的一个高峰。

德国人也对考古学的早期发展产生了很大的影响。不管怎样，一系列伟大的德国考古学家名单中必定会有海因里希·谢里曼，他是考古学中颇具争议的人物。他适时“创造”了历史，比如他声称自己的妻子索菲娅在1873年帮助他挖掘了埋藏在特洛伊的普里阿摩斯宝藏，但后来却坦言她并不在场。值得注意的还有，他把弗兰克·卡尔弗特（Frank Calvert，他实际拥有特洛伊遗址的一部分）的想法据为己有。但谢里曼也是一位先驱者，他聘请专家去鉴定特洛伊的动物遗骸，并分析在迈锡尼发现的琥珀的来源。

也有一些考古学家，他们一直有着良好的声誉。1896年，马克斯·乌勒（Max Uhle）开始考察秘鲁利马（Lima）以南的帕查卡马克（Pachacamac）遗址，他在那里发现的木乃伊引起全世界的注意。他将永远被铭记为安第斯（Andean）文明考古学之父。大约在同一时间，地球的另一端，罗伯特·科尔德韦（Robert Koldewey）正在挖掘伊拉克的巴比伦古城，他声称在那里发现了传说中的巴别塔。几年后，路德维希·博尔夏特（Ludwig Borchardt）为“德国东方协会”（Deutsche Orient-Gesellschaft）从事“异端法老”阿肯那顿（Akhenaten）之都阿玛纳（Amarna）的挖掘工作。他于1912年12月6日在一座属于古埃及雕塑家图特摩斯（Thutmose）的别墅里发现了一批半身雕塑像，其中包括20多个石膏原型和王室成员的石刻头像。最著名的要数那件戴着一顶蓝色平顶王冠的女王纳芙蒂蒂（Nefertiti）的胸像。

一些来自考古资源丰富的地中海国家的考古学家，如埃内斯托·斯基亚帕雷利（Ernesto Schiaparelli），他曾率领意大利考古代表团前往埃及，并指导挖掘了王后谷，那里埋葬着许多第十八至二十五朝的王后、公主和王子。1904年，他发现了拉美西斯二世（Ramses II）的王后奈菲尔塔利（Nefertari）的坟墓。尽管这座古墓在古代被盗窃过，但墓中保存下来的色彩鲜艳的灰泥浮雕显示了奈菲尔塔利被各种神祇和文字包围，以确保她能安全地过渡到另一个世界的场景。在20世纪六七十年代，另一位意大利考古学家保罗·马蒂埃（Paolo Matthiae）在叙利亚发掘了公元前3000年规模庞大的埃卜拉王宫（Royal Palace of Ebla）。大约同时期，1977年，希腊考古学家马诺利斯·安德罗尼柯（Manolis Andronikos）在韦尔吉纳（Vergina）遗址发现了马其顿（Macedon）古代王室的坟墓。由于这一发现的重要性，他后来被授予了希腊最高荣誉凤凰十字勋章。

法国人在早期考古研究也做出了值得注意的贡献。法国埃及古物学者皮埃尔·蒙泰（Pierre Montet）1905年在里昂大学学习，并开始在开罗的法国东方考古学研究所（Institut Français d'Archéologie Orientale）工作。在1921年到1924年，他离开埃及到黎巴嫩工作，在那里他发现并发掘了公元前2000年的比布鲁斯（Byblos）王室墓葬。蒙泰于1929年回到埃及并开始在塔尼斯（Tanis）的挖掘工作，但直到1939年他才有了重大发现，即第二十一和第二十二王朝的王室墓葬，其中的珍宝几乎与图坦卡蒙的一样多。生于1952年的让-伊夫·昂珀勒尔（Jean-Yves Empereur）曾在法国雅典学院（École Française d'Athènes）任职，又在希腊、塞浦路斯（Cyprus）和土耳其工作过，后来成立了亚历山大研究中心（Center for Alexandrian Studies）。从那时开始，他在陆地和海上对亚历山大城具有考古意义的遗迹进行了挖掘。这座城市由亚历山大大帝（Alexander the Great）于公元前331年建立，是一个商业和文化中心，也是一个以图书馆、博物馆和灯塔而闻名的古都，其亚历山大灯塔（Pharos）是古代世界七大奇迹之一。

阿尔贝托·鲁斯·吕利耶（Alberto Ruz Lhuillier）则有着更国际化的背景。他出生在法国，在古巴接受教育，后来成为墨西哥公民。鲁斯将会永远被人们记住，因为他于1952年发现了基尼希·贾纳布·帕卡尔（K'inich Janaab Pakal）也就是“帕卡尔大帝”的墓穴。帕卡尔那令人难忘的玉质死亡面具是古代世界现存的极有价值的面具之一。

秘鲁考古学家瓦尔特·阿尔瓦于20世纪80年代开始解开莫切文明之谜，当时他正在兰巴耶克山谷（Lambayeque Valley）的西潘工作。1978年，俄罗斯考古学家维克托·萨里安尼迪（Viktor Sarianidi）在饱受战争蹂躏的阿富汗发现了两万多件黄金珍宝，这些宝藏一直被埋藏在一个王室的坟墓里，长达2000年之久。

最后，说到伟大的考古学家就不得不提及扎希·哈瓦斯（Zahi Hawass），他是埃及最高文物委员会（Supreme Council for Antiquities）的领头人，是他改变了埃及的考古学。他致力于遗址保护和博物馆建设，并且提高了该国相关的培训和专业水平，他还积极争取将被掠夺的文物归还埃及。他的个人研究包括对吉萨高原上建造工人坟墓的挖掘、探究古埃及妇女的角色和巴哈利亚绿洲（Bahariyah Oasis，黄金木乃伊谷）的晚期墓地，以及将DNA分析应用于王室木乃伊等。

虽然在未来肯定会有更多伟大的考古学家出现，但书中涉及的考古学家足以被人们永远铭记，因为他们是吸引世界去关注，并激励无数代人去发掘我们共同历史的人。

（埃蒂·博恩-穆勒）

尼尼微之莱亚德：

一位英国绅士的亚述历险记

虽然奥斯汀·亨利·莱亚德是一位成功的英国政治家和外交家，但他最著名的身份是尼姆鲁德的发掘者。莱亚德最开始在叔叔的法律事务厅工作了6年，但后来他决定横跨大陆前往锡兰（Ceylon），在那里谋求一个公务员职位。他于1839年启程，但在波斯（Persia）待了几个月后便放弃了这个计划。

回到君士坦丁堡后，在1842年至1845年，莱亚德被英国大使斯特拉特福德·坎宁（Stratford Canning）爵士雇用。坎宁给了他60英镑以鼓励和支持他去探索亚述废墟（位于现在的伊拉克）。

莱亚德于1845年前往摩苏尔（Mosul），先后在尼姆鲁德和库扬及克（Kuyunjik）开展挖掘工作，后者是他之前在旅行中留意到的。在亚述首都、《圣经》中被描述为城市迦拉（Kalakh）的尼姆鲁德，他于短短几周之内便发现了国王亚述纳西拔二世（Ashurnasirpal II，公元前883—前859年）的宫殿。宫殿的墙壁上布满了引人注目的雪花石膏浮雕，上面刻画着国王在狩猎或是战争中被有翼天使保护着。在库扬及克，也就是莱亚德于1847年开始挖掘的地方，他又发现了一座宫殿。

莱亚德于1847年末回到英国。他在《尼尼微及其遗迹》（1848—1849年）和《尼尼微古迹图录》（*Illustrations of the Monuments of Nineveh*，1849年）中刊登了自己的工作成果。撇开书名，它们主要讲的是他在尼姆鲁德的发掘，而莱亚德认为尼姆鲁德是尼尼微的一个地区。后来，他找到了证据，证明在库扬及克发现的废墟实际上就是尼尼微。莱亚德的《尼尼微及其遗迹》随即成为畅销书，其生动的文笔引人注目。

一年后，莱亚德回到君士坦丁堡，并于1849年8月从那开启了第二次的远征。这一次，他的身份是大英博物馆的官方使者，并且下议院以3000英镑资助了他此次的考古发掘。莱亚德继续在尼姆鲁德和尼尼微开展挖掘工作。得益于亨利·罗林森（Henry Rawlinson）等人最新的楔形文字译本，他识别出了尼尼微辛那赫里布（Sennacherib，公元前704—前681年）那“无与伦比的宫殿”，其中有城墙浮雕，还有亚述巴尼拔国王的图书馆，内有2.2万块楔形文书泥板。1850年，他在对巴比伦的短暂访问期间还进行了一些探测，随后便放弃了该遗址。

在这些探险过程中，莱亚德常常在困难重重的情况下，将那些如今已成为大英博物馆亚述文物典藏的珍贵文物运送到英国。1847年，在发现了几对大型有翼狮子和公牛雕像后，莱亚德决定将它们带回伦敦。他的确做到了，不过极为艰难。据他所述，他把一头直立的公牛像从原来的位置，用绳子、滑轮和杠杆把它放到滚轴上，以今天的考古学标准来看，这种描述不可思议，特别是因为他说他被迫使用从阿勒颇（Aleppo）越过沙漠辗转运来的细绳和一根在巴格达获得的粗棕榈纤维电缆：

“大家都就位了，所有准备工作也已就绪，我站在第二头公牛像之上的高土堤顶部，命令工人把楔子从雕塑底部敲掉……一根绳子绕着它，六七个人就轻而易举地把它弄歪了。那根粗制滥造的缆绳快绷到了极限……雕像移动的时候，只要有后面支柱的支撑，它就能保持足够的稳定。但是当它靠近滚轴时，横梁就用不上了。缆索和绳索越拉越紧……当雕像离滚轴不到两米时，它们全都断了。雕像被猛地摔向了地上……我冲进了壕沟，准备好面对已经粉身碎骨的雕像，当我看到它正好躺在我想放置它的位置，而且完好无恙时，我的满足之情真是难以言表！”

1851年，莱亚德放弃了野外工作，发誓再也不回尼尼微了。他选择转向政治，于19世纪50到60年代当选为英国议会议员，还担任了外交部副部长。1877年，他被任命为英国驻君士坦丁堡大使，一直到1880年他从公众视野中隐退为止。

尽管他不再参与发掘工作，但他并没有完全退出考古学。他于1852年出版了《关于尼尼微发现的通俗记录》（*A Popular Account of Discoveries at Nineveh*），又于1853年先后出版了《尼尼微与巴比伦遗迹中的发现》（*Discoveries in the Ruins of Nineveh and Babylon*）和《尼尼微古迹第

第20页图 奥斯汀·亨利·莱亚德，英国考古学家、政治家和外交家，因发掘了美索不达米亚的尼姆鲁德和尼尼微遗址而闻名。

第22—23、23页图 莱亚德在美索不达米亚开展挖掘工作期间绘制的彩图被用于有关亚述遗迹的考古出版物（伦敦大英博物馆）。

二辑》(*A Second Series of the Monuments of Nineveh*)。除了他去世后出版的一本自传外，他的最后一部作品是《波斯、埃兰和巴比伦王国之早期探险》(*Early Adventures in Persia, Susiana, and Babylonia*，1887年)。事实上，莱亚德在考古领域的功绩并不只是他的考古发掘，还有他在这个领域投入的精力，尤其是他之后的写作。他的著作在今天读起来依然津津有味，他使亚述文化受到了广泛的关注，那些雕塑、楔形文字和其他由他带到大英博物馆的发现也是如此。从其他国家转移文物当然已不再被允许，但莱亚德的行为必须根据他所处的文化背景和时代来评判。

（马克·罗斯）

第24—25页图 莱亚德所著的《尼尼微及其遗迹》扉页就用了这幅插图。它描绘了一个场景：为了将一座在尼姆鲁德被发现的有翼人面公牛石像运走，他们正在进行复杂操作。尽管存在大量的技术困难，莱亚德还是设法将他在发掘过程中发现的许多文物和遗迹送到了大英博物馆。

第25页图 这头有翼公牛石像是位于尼姆鲁德的亚述国王亚述纳西拔二世的宫殿装饰。莱亚德在1845年至1851年的发掘中发现了这尊石像，并将其运往英国（伦敦大英博物馆）。

第26页图　莱亚德的这幅素描描绘了在尼姆鲁德的亚述纳西拔二世的宫殿内发现的一件浮雕。这类长有翅膀的超自然生物通常被放置在入口处以起到保护作用，他们在楔形文字中被称为“阿普卡鲁”（apkallu，圣人、神灵）。

第27页图　这只长着翅膀的神灵发现于尼姆鲁德的亚述纳西拔二世宫殿，它一只手拿着松果，另一只手拿着桶状器物（巴黎卢浮宫）。

第28—29、29页图 1846年，莱亚德在尼姆鲁德的亚述纳西拔二世宫殿的废墟中发现了这件浮雕。这件作品通过不同寻常的空中视角描绘了亚述人的军事营地。其内部分为4个部分，表现了准备食物和烹饪的场景。营地的右方，马儿们正在喝水，而一个士兵正在检查围栏里的另一匹马。在最右边，一位官员在审视着俘虏（下方），而（上方）一名士兵正面朝着两个扮作狮子的人物（伦敦大英博物馆）。

Plate 52. Entire Statue from the North West ruins. (Nimroud)

Plate 2. Colossal

nt Entrance (Nimroud.)

追随荷马的脚步：

海因里希·谢里曼

海因里希·谢里曼在谈到他在特洛伊的发掘时写道："似乎，在我三年的挖掘过程中，上天对我超人般的努力给予了丰厚的回报。"谢里曼是考古学颇有争议的人物，有人认为他是个骗子，也有人认为他是一位开拓者。谢里曼声称他8岁时收到了一本格奥尔格·路德维希·耶勒（Georg Ludwig Jerrer）的《世界史》(*Universal History*）作为礼物，书中特洛伊的照片启发了他。"爸爸！如果这样的围墙曾经存在过，它们就不可能被完全摧毁。它们巨大的废墟一定还在那里，只是隐藏在岁月的尘埃之下……最后我们一致认为将来有一天我应该去探索特洛伊。"传说就是这样的：一个小男孩被特洛伊的传说迷住了，决心长大后证明荷马是正确的。但事实是，谢里曼决定发掘特洛伊是很久以后，在1868年，他46岁时。

很显然，谢里曼无耻地"夸大"了他的个人经历，并将其他地方的信息资源挪为己用。他对1851年旧金山大火"目击者"式的描述很可能是从报纸上抄来的，而他在希腊抵御四只凶猛恶犬的故事则来自一本旅游指南。其他事情就并非只是浪漫化的演绎了。1869年，他以欺诈手段获得美国公民身份，随后立即与他的第一任妻子非法离婚。

关键的问题是，他的谎言在多大程度上玷污了他的考古工作。谢里曼抢走了别人的想法，值得注意的是，其实是弗兰克·卡尔弗特先意识到位于安纳托利亚（Anatolia）西北部属于他财产一部分的山丘希沙里克（Hissarlik）是古代特洛伊城。谢里曼谎称在雅典自家后院发现了铭文，在亚历山大城发现了克莱奥帕特拉（Cleopatra）的胸像。在谢里曼发表的报告中，他间或表示在不同的时间和地点找到的文物都属于同一发现。

谢里曼出生于1822年1月6日，19岁离开祖国德国，登上了一艘开往哥伦比亚的船。然而，这艘船却因暴风雨搁浅在荷兰海岸。谢里曼搬到了阿姆斯特丹，在那里做了一名职员。1844年，他开始为施罗德贸易公司（B. H. Schröder and Co.）工作，该公司很快把他派往圣彼得堡，担任大宗商品贸易代理。谢里曼创办了自己的代理行，经营靛蓝染料和其他商品，积累了巨大的个人财富。1866年到1867年，他在巴黎索邦大学（Sorbonne）学习考古学。在与第一任妻子离婚后，当时47岁的谢里曼与17岁的索菲娅·恩格斯托梅诺斯（Sophia Engastroménos）结了婚，她是谢里曼从曼提尼亚（Mantinea）大主教（他年迈的古希腊语导师）寄给他的准新娘的照片中挑选出来的。

以荷马史诗为指导手册，并以他所拥有的巨额财富作为资金支持，谢里曼踏上了寻找特洛伊之途。1870年至1873年间，他在希沙里克发掘了一座较为完整的古城堡，其倾斜的石墙多少与《伊利亚特》(*Iliad*）中所描述的相符。谢里曼对特洛伊城的发掘使他享誉世界，也让一些看不起他，认为他业余的批评家和学者们保持了沉默。

正是在1873年春天，谢里曼完成了他最伟大的发现，里面埋藏着大量青铜和黄金器皿、武器，还有珠宝，他以《伊利亚特》中特洛伊国王的名字命名这些为"普里阿摩斯的宝藏"(Priam's Treasure)。但是这个宝藏也因为谢里曼的诚信问题还有许多疑惑没有被解开。研究过谢里曼日记和信件的大卫·特雷尔(David Traill）得出结论，重大发现是在1873年的5月31日取得的。几周后，谢里曼写道："如果没有爱妻的襄助，我是不可能把这些财宝运走的，她站在我身边，准备把我切下的东西用她的披肩包裹带走。"但他向大英博物馆的查尔斯·牛顿（Charles Newton）先生坦白，其实索菲娅是在5月初离开挖掘点的，但"因为我努力想为她塑造一个考古学家的形象，于是在书中写道她一直在我身边，并协助我取出宝藏"。而谢里曼的希腊工头尼古劳斯·萨帕赫罗斯·扬纳基斯（Nikolaos Zaphyros Yannakis）很可能是那个帮助他挖出宝藏的人。

但目前还不确定最初发现的究竟是什么。谢里曼在奥斯曼帝国当局者的眼皮底下将它们走私到希腊。有可能是他将之前

第36页图 在世界各地从事了各种贸易和商业工作之后，海因里希·谢里曼终于在1868年决定从事考古学工作。这个职业使他闻名世界。

第38页 上图 这张1875年的照片展示了驻扎在谢里曼发掘现场的临时工棚，位于希沙里克山附近。

第38页 下图 这支在城墙上摆拍的工人团队是由威廉·多普菲尔德领导的，他是谢里曼在特洛伊城发掘工作中的搭档兼接班人。

第39页图 这是于1893年发掘过程中拍下的特洛伊城墙。

发现的文物混入其中，将它们作为一个整体运走。在《伊利亚特》第24卷中，荷马描述了普里阿摩斯为换取赫克托耳（Hector）的躯体而带给阿喀琉斯（Achilles）的财宝，有长袍、斗篷、毯子、金条、三脚架、坩埚等。谢里曼并没有为了迎合荷马笔下令人印象深刻的财宝而去过度地"丰富"他的发现。

谢里曼希望自己已经找到了普里阿摩斯的宝藏，而这是毫无根据的。他在现场发现了9层主要的遗迹。这些宝藏并非出于青铜时代末期（大约是历史上特洛伊战争爆发的时间），而是来自公元前2200年左右的防御工事，也就是青铜时代早期，如果确实有普里阿摩斯这个人的话，这比他在世的时间早了约1000年。

谢里曼工作的阶段处于考古学的一个关键时期。他在特洛伊开展的后期发掘工作，部分由威廉·多普菲尔德（Wilhelm Dörpfeld）指导，反映出该领域的未来发展。在一些具体的细节上，谢里曼应该受到赞扬，比如让专家对遗址中的动物遗骸进行检查等，但作为爱琴海史前考古学之父，他的成就总的来说既是辉煌的，也存在严重的缺陷。

（马克·罗斯）

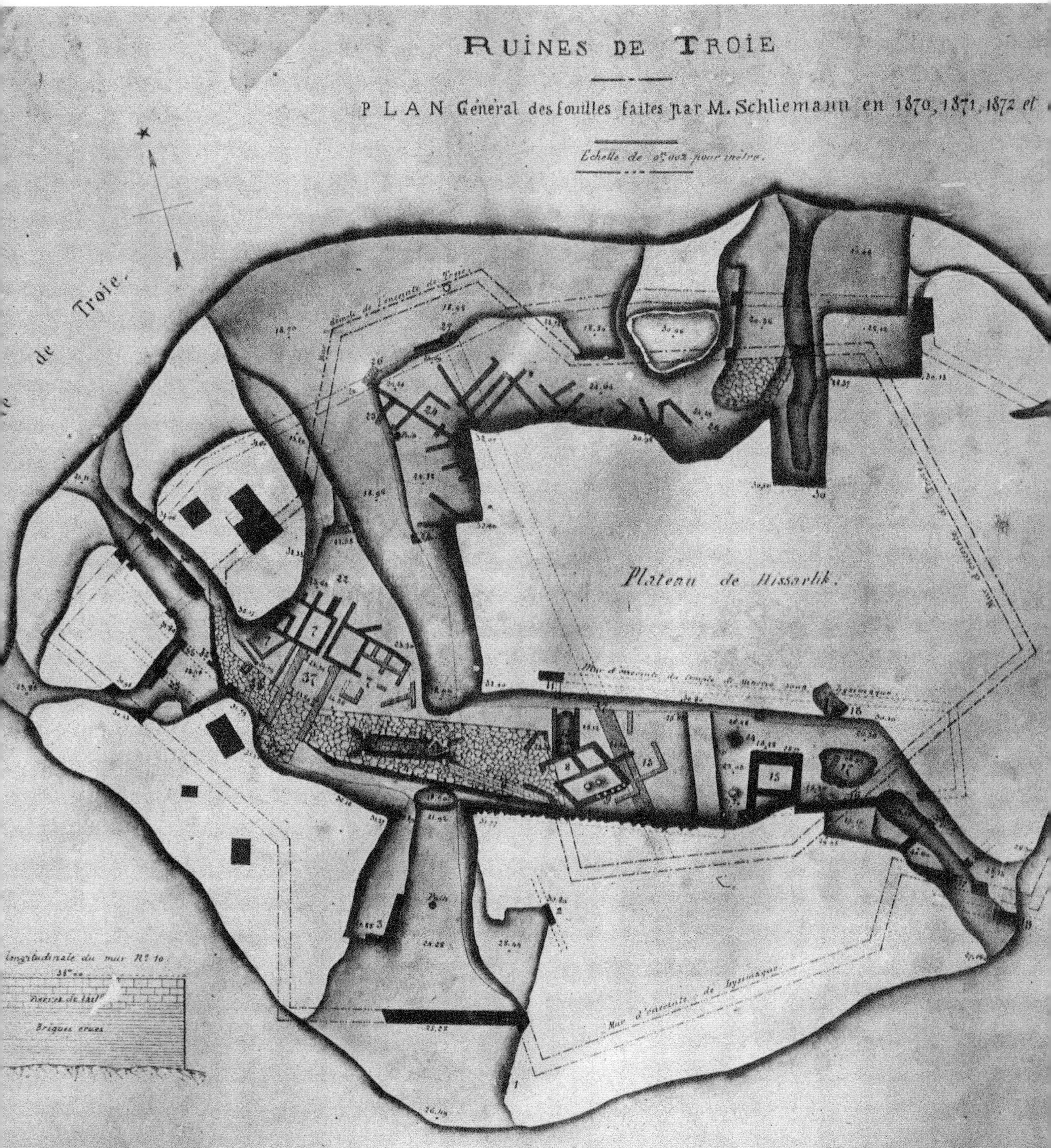
RUINES DE TROIE
PLAN Général des fouilles faites par M. Schliemann en 1870, 1871, 1872 et
Échelle de 0m,002 pour mètre.
Plateau de Hissarlik.
Mur d'enceinte de Lysimaque
Briques crues

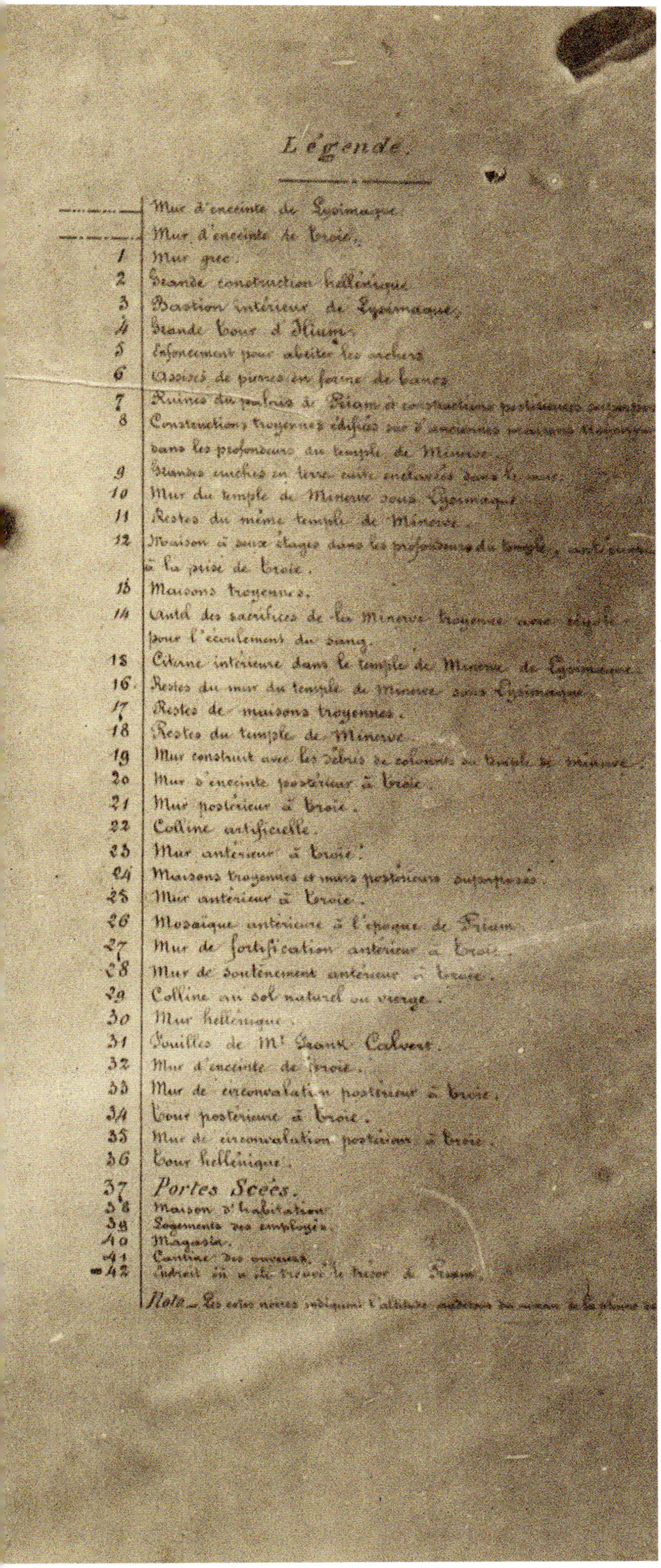

第40—41页图 这张地图展示了1870至1873年间谢里曼发掘特洛伊遗迹的位置。该地图于1874年发表在《特洛伊及其遗迹》(*Trojanischer Alterthümer*)上。

第41页图 1881年，谢里曼出版了《伊利奥斯：特洛伊人的城市和故乡》(*lios: Stadt und Land der Trojaner*)，编年记载了他在这座因荷马而名垂千古的城市发掘的成果。

第42、43页图 谢里曼于1873年5月31日发现了这批被称为普里阿摩斯宝藏的文物。它位于“特洛伊遗址第二层”，可追溯到公元前3000年中期，其中包括一件铜质盾牌和坩埚，一些金属杯子、花瓶和铜质武器，以及被称为“海伦的珠宝”（Jewels of Helen）的华丽黄金首饰。1880年拍摄的一张照片（第42页图）展示了全部的宝藏，而之后它就被拆分为伊斯坦布尔和柏林的藏品。一个双口的船形酱汁容器（上图）曾是这批宝藏的一部分（莫斯科普希金博物馆）。

第44、45页图 谢里曼在“普里阿摩斯的宝藏”中发现了一些非常珍贵的女性珠宝。他相信这些珠宝可能是荷马史诗中海伦王后的。在发现这些珠宝后，他将它们送给了他的第二任妻子索菲娅·恩格斯托梅诺斯，他于1869年娶了这位希腊女人。这批宝物中还有：一顶由薄金箔片制成的头饰（上图），坠有64条链子，两侧垂下，末端有垂饰；一对耳饰（右图）也有垂饰。

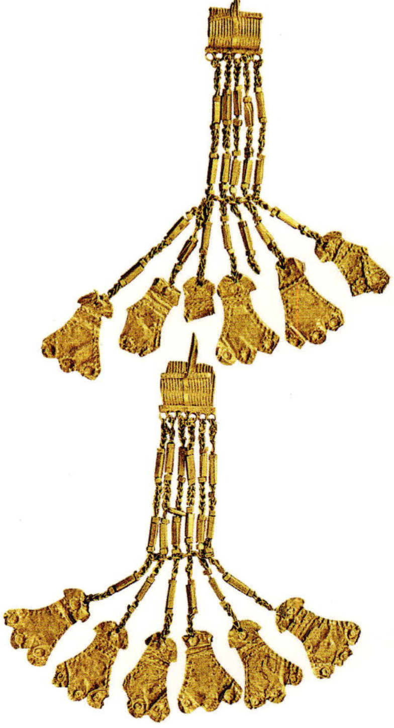

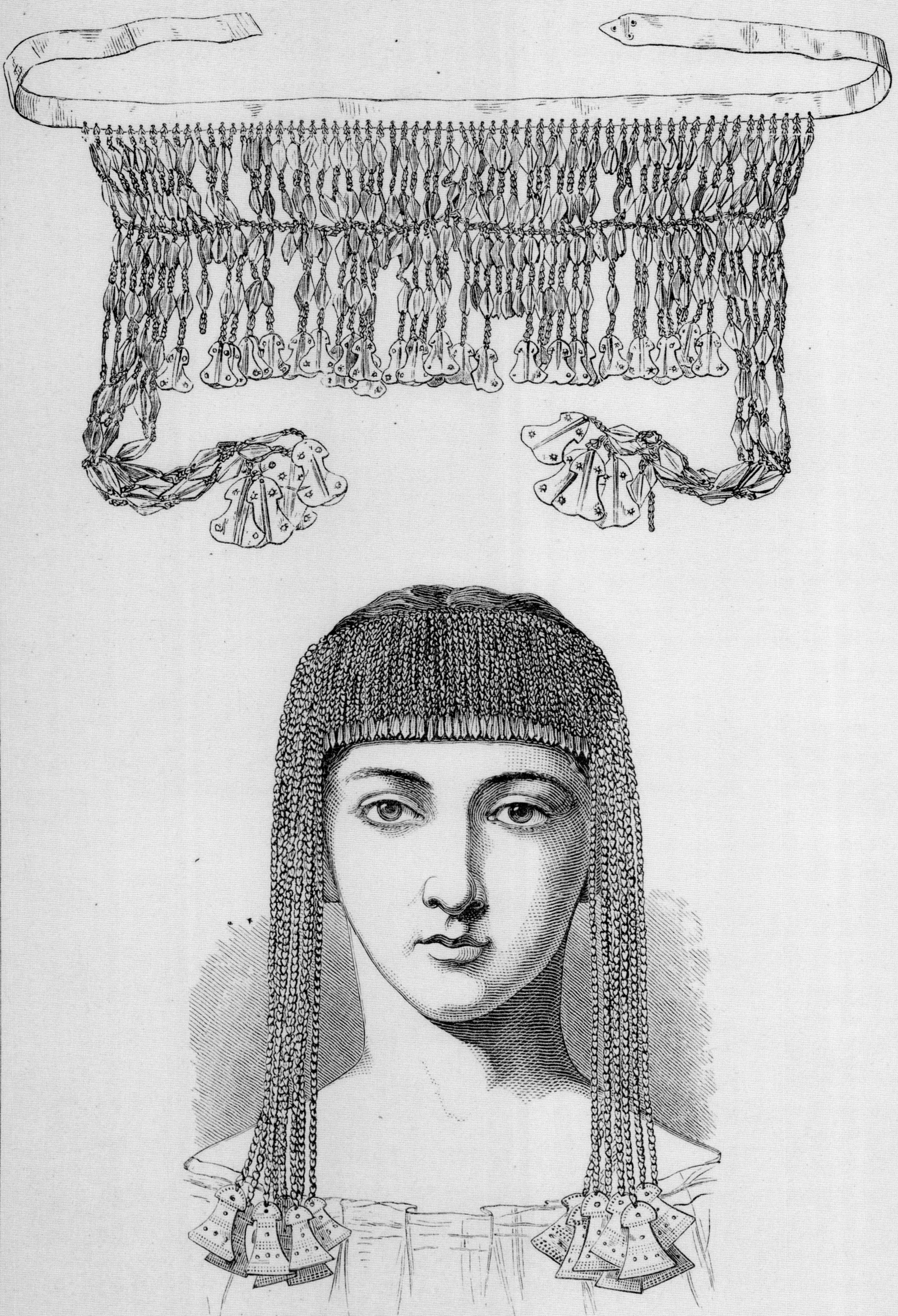

Nos. 276 and 277.—THE TWO GOLDEN DIADEMS (πλεκταί ἀναδέσμαι).

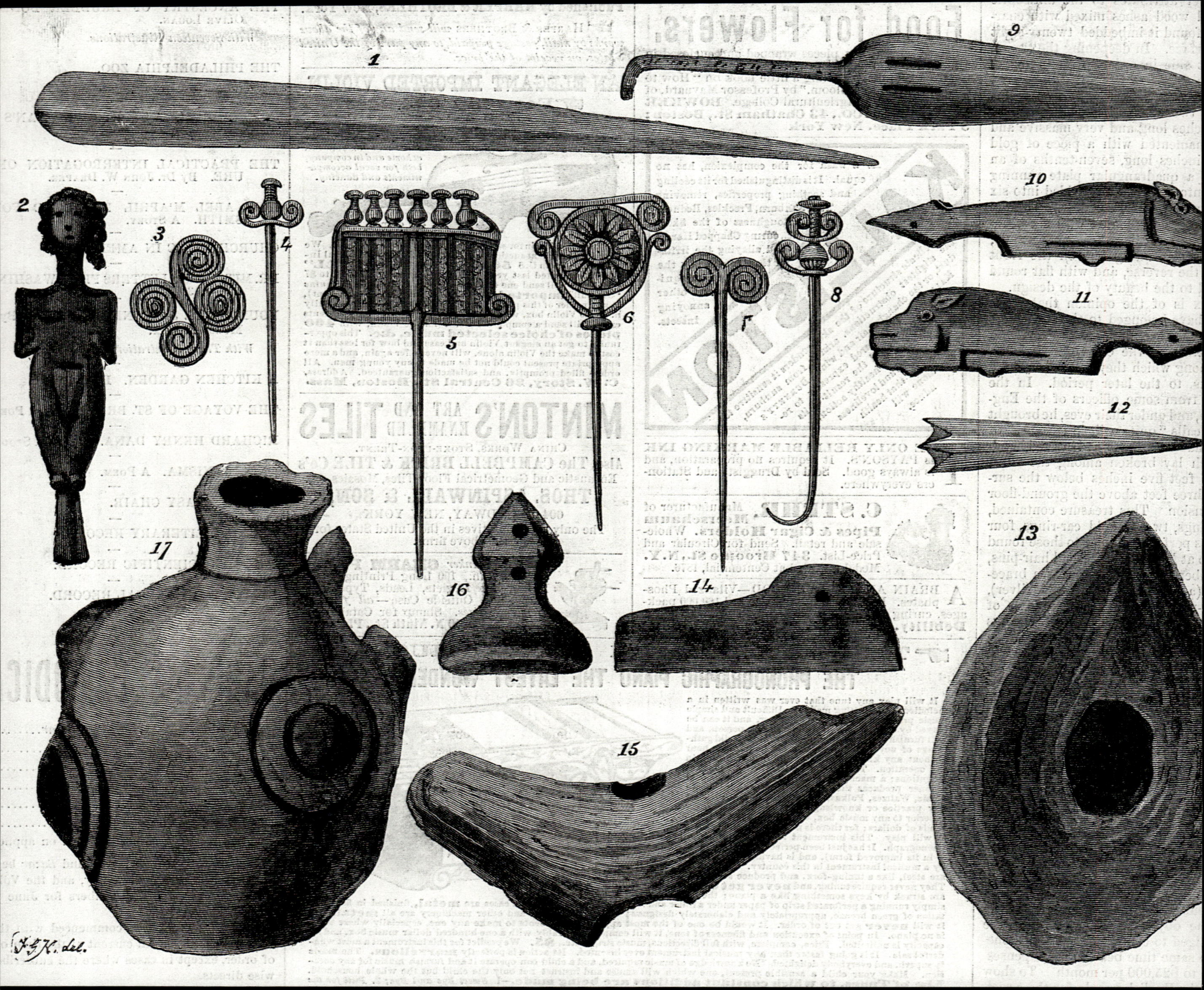

第46页 上图　除了黄金首饰外，谢里曼在特洛伊遗址发现的物品中还有象牙、骨头和黏土制成的武器和工具。

第46页 下图　这个饰物属于普里阿摩斯宝藏中的一根项链，它由4个薄金箔制成的螺旋体组成（莫斯科普希金博物馆）。

上图 这个金别针是在普里阿摩斯宝藏中找到的碎件之一，以螺旋形状与排列在顶部的微型花瓶为特色（莫斯科普希金博物馆）。

下图 这个来自普里阿摩斯宝藏的别针带有花卉花纹装饰，侧面有开口，它和上图的别针很可能出自同一个工匠之手（莫斯科普希金博物馆）。

在迈锡尼的谢里曼：

阿特柔斯宝库

在“发现”特洛伊城并挖掘出“普里阿摩斯的宝藏”后，谢里曼将注意力转向迈锡尼，一座青铜时代晚期的城市和要塞，位于希腊南部阿尔戈斯湾（Gulf of Argos）的尽头。根据荷马的说法，阿伽门农是迈锡尼的国王，也是墨涅拉俄斯（Menelaus）的兄弟。墨涅拉俄斯的妻子海伦和特洛伊王子帕里斯（Paris）私奔，引发了特洛伊之战，阿伽门农是战争中希腊人的领袖。

从狮子门（因其上的雕塑而得名）再到那些被古代地理学家帕夫萨尼亚斯认定为阿伽门农、其追随者以及王室成员的巨大蜂窝状坟墓，迈锡尼的遗迹在古代的传闻和记录有很多。1874年的一次勘测让人满怀期待，谢里曼随即于1876年秋天代表希腊考古学会正式在迈锡尼开展发掘工作。

在狮子门里的主城堡墙内，谢里曼的手下在一个直径约为27米的圆形墓圈周围挖出了石碑，而圆形墓圈中有5个（后于1877年发现了第6个）深深嵌入土里的“竖井坟墓”。到11月底，他已经挖出了几座装有迈锡尼统治者遗骸的坟墓，其中5具罩着金面具。谢里曼兴高采烈地给希腊的乔治国王发了一封电报：“我怀着极大的喜悦之情向陛下宣布，我发现了那些坟墓，按照帕夫萨尼亚斯的推断，这些坟墓是阿伽门农、卡桑德拉（Cassandra）、欧利米登（Eurymedon）和他们同伴的，他们都是在一个宴会上被克吕泰涅斯特拉（Clytemnestra）和她的情人埃癸斯托斯（Aegisthos）所杀害的。”陪葬品包括金饰、青铜武器（其中有些带有金柄并镶嵌刀片）、金银杯具、象牙质器皿和琥珀珠子。

然而，就像在特洛伊一样，谢里曼在迈锡尼的解释也存在严重的问题。他写道：

“就我而言，我一直坚信有特洛伊战争。我对传统的深信从未因质疑声而动摇过，我也十分感激这强大的信念使我发现了特洛伊及其宝藏……是我对传统的坚定信仰促使我在迈锡尼的卫城进行了后期的挖掘，并最终发现了5座拥有巨大宝藏的陵墓……我一点也不反对指认坟墓是阿伽门农和他同伴的那个传说可能是完全正确的。”

这座墓葬遗迹被人们称作“阿特柔斯宝库”或“阿伽门农墓”，这些竖井坟墓比假定的特洛伊战争时间早了大约300年，所以里面的遗体和荷马笔下不朽的人物之间没有任何联系。

一些谢里曼所言在墓中发现的特定物品也遭到了质疑。比如，有两个出土自1号墓的希腊青铜时代晚期陶俑，但它们的年代比这个墓晚几个世纪。据谢里曼的日记显示，出自1号墓的陶器似乎是在11月15日于卫城发现的。

最令人担忧的问题集中在那个所谓的“阿伽门农面具”上。在现场发现的所有黄金和金银合金丧葬面具中，它是最著名的。“我一直盯着阿伽门农的面部”，据说谢里曼第一次看到面具时就给一家希腊报社打了电报。事实上，他自己从来没有认为它属于阿伽门农，但由于它是最精美的一个，就与英雄联系在一起了。谢里曼也从来没有在文中标注过明显的风格差异——面部毛发，耳朵与面罩主体脱节，使它有别于其他所有面具。一些学者怀疑它可能是假的，是谢里曼为了增加真实发现而加的，也可能是经过改动后的原物，为了使其看起来更高贵（例如胡子和胡须，相比迈锡尼其他面具上的特征，它们更符合19世纪晚期贵族的风格特征）。

谢里曼在迈锡尼发现的面具和黄金珠宝为他带来了享誉世界的名望，从此，他被称为迈锡尼文明考古学之父。显然，这是言过其实。迈锡尼挖掘工作取得的成功还应归功于谢里曼的助手威廉·多普菲尔德和希腊考古局（Greek Archaeological Service）的官方代表帕纳约蒂斯·斯塔玛塔基斯（Panagiotis Stamatakis）。他们根据现场发现的物品设计了一个分类系统，并确保罗马时代在内的晚期遗迹在谢里曼搬动它们以便寻找荷马笔下的迈锡尼之前，被全部记录下来。

（马克·罗斯）

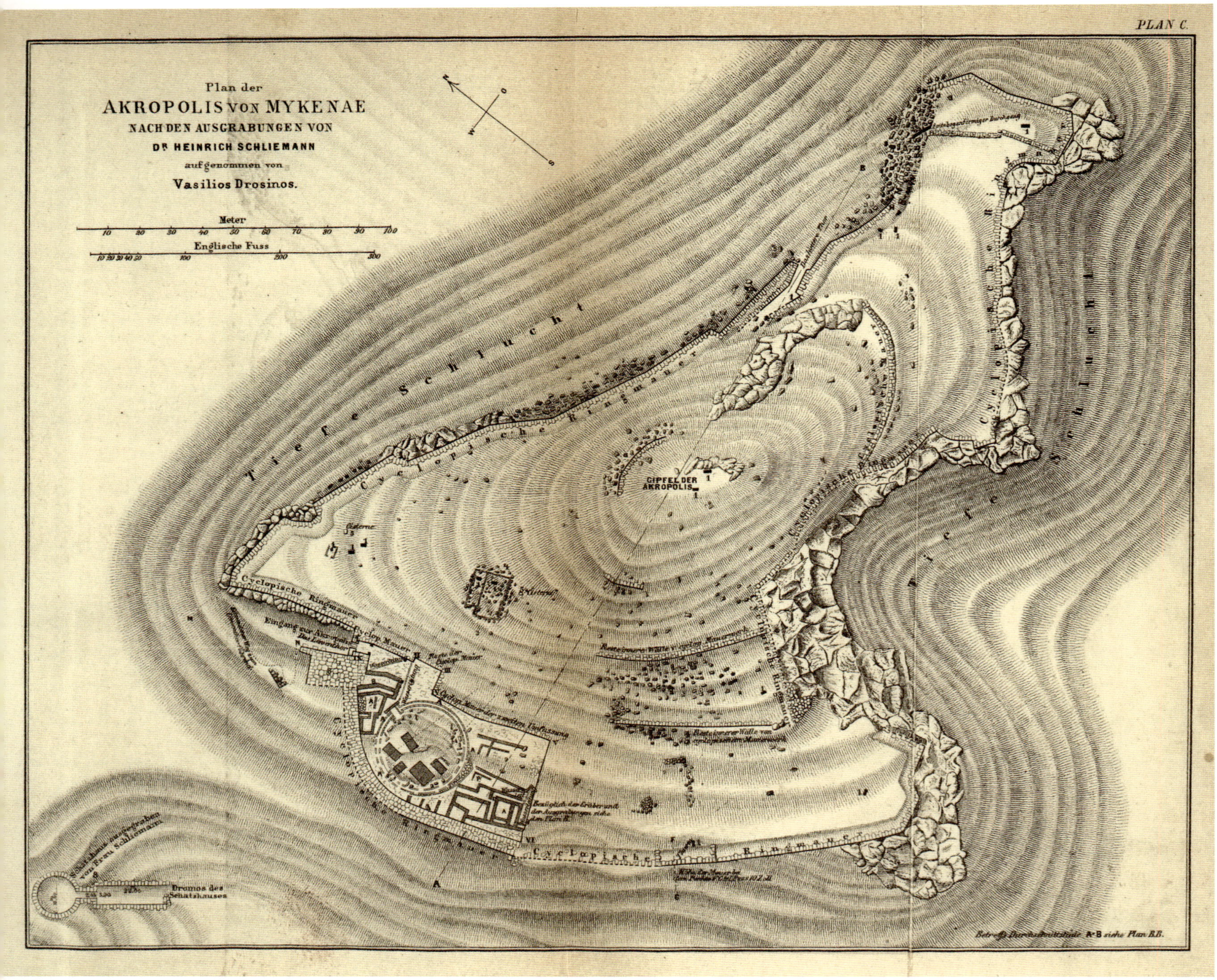

第48页图 狮子门是迈锡尼要塞的入口。大门上方的一块石板上雕刻着两头母狮，分立两边。

上图 这张迈锡尼堡垒1878年的规划示意图显示了谢里曼所发现的遗址结构。

第51页图 迈锡尼堡垒城墙的延伸部分曾包括了墓圈A。

在迈锡尼的谢里曼：阿特柔斯宝库

第52—53、53页图 墓圈A位于距迈锡尼最近的密闭围墙内，有6座王室陵墓。谢里曼在里面发现了各种物品，比如青铜剑、珠宝、陶器和著名的黄金面具。这位德国考古学家发现迈锡尼城的消息广为传播，到了19世纪末，迈锡尼已经成为一个旅游胜地。

第54—55页图 这是在迈锡尼墓圈A的5号墓中发现的，俗称“阿伽门农面具”。这个华丽的黄金面具描绘的是迈锡尼一位年长王子的肖像。一些学者认为，谢里曼对它做了改动，使它看起来更为高贵（雅典国家考古博物馆）。

第56页图　谢里曼在迈锡尼墓圈A的4号墓内发现了这只刻有狮子头的金质角状环，也叫奠酒杯（雅典国家考古博物馆）。

上图　3具男性尸体被埋葬在迈锡尼墓圈A的5号墓中，1876年，谢里曼在这里发现了这件带有螺纹的胸饰（雅典国家考古博物馆）。

罗伯特·科尔德韦：

发掘巴比伦的建筑师

1899年至1917年，德国考古学家、建筑师罗伯特·科尔德韦在伊拉克发掘出了著名的巴比伦古城。他在该遗址最引人注目的发现是一座金字形神塔或称阶梯塔的地基，在它的顶部，曾矗立着城市之神马杜克（Marduk）的神庙也被称为“埃特曼安吉”（Etemenanki）。许多人把它与《圣经》中的巴别塔（Tower of Babel）联系在一起。根据《创世纪》的记载，巴别塔是在宁录（Nimrod）的统治下建造的，旨在通往天堂。然而，它并没有被用作礼拜，而是被誉为人类的一项伟大成就。这深深地激怒了希伯来人的上帝耶和华（Hebrew god Yahweh），他把它的建造者驱逐到了地球的各个角落，并通过限制他们彼此交流的能力——强迫他们说不同的语言，来惩罚他们。

常见的对《圣经》中巴别塔的描绘，包括尼德兰艺术家老彼得·勃鲁盖尔（Pieter Bruegel the Elder）的一幅名画，呈现的多是一个巨大的圆形结构，而科尔德韦发现的却是一个四边形金字形神塔的地基。除了曾经通向塔楼的三段楼梯的碎片外，塔的残迹并不多。他还发掘出保存完好的从巴比伦宫殿和内城通往神塔的“游行大道”（Processional Way），那里就是所谓的“伊师塔门”（Ishtar Gate）曾经矗立的地方。公元前604年至公元前562年在位的尼布甲尼撒二世（Nebuchadnezzar II）建造的巨型拱门由釉面泥砖制成，其表面凸起的浮雕装饰表现的是黄牛和白龙（龙是马杜克的圣物），蔚蓝色的背景映衬着它们。游行大道上还装饰着彩色琉璃砖，上面画有跨步向前的狮子，它们与司爱情与战争的女神伊师塔有关。学者们认为这些狮子是被用来“保卫”街道的。

科尔德韦还在该遗址南部城堡的地下室挖出了14间带有拱形石制天花板的大房间，这使他相信，自己已经发现了那个传说中曾经矗立着巴比伦空中花园的地方。古代文献曾经指出，石头只在这座城市内的两个地方使用——北部城堡的北墙和空中花园。古代世界七大奇迹之一的空中花园是统治者尼布甲尼撒二世为他的妻子阿米伊斯（Amyitis）所建，她是米底（Medes）王国君王的女儿，在美索不达米亚荒芜的沙漠城市巴比伦，渴望自己家乡郁郁葱葱的树林。然而，现在的学者对科尔德韦的说法提出了质疑，认为他缺乏进一步的确凿证据，而且巴比伦空中花园的位置仍然是个谜。

科尔德韦还参与了希腊和土耳其的挖掘工作。他的考古工作正值“现代”考古学的发展初期，其功绩不仅仅在于他的伟大发现，他还因在很早就将完善的方法论和新开发的挖掘技术结合而受到高度评价。1915年9月5日《纽约时报》上一篇对科尔德韦《巴比伦的发掘》的书评写道：

“如今，考古发掘不仅仅是一门艺术，它几乎可以说是一门精确的科学。通过精确的测量和对遗迹的细致保护，现代探险家从困难重重的遗址中探寻它所有的秘密……科尔德韦确实很不寻常！他不仅向世人揭示了数不胜数的考古奇迹，还十分巧妙地确定了不同建筑和道路的特质，传达给挖掘的工人们，为他们提供了极大的便利。”

尽管该遗址上的许多重要建筑物现在仍矗立在那里，但巴比伦由于萨达姆·侯赛因（Saddam Hussein）以及伊拉克战争中的军事行动还是受到了严重破坏。

（埃蒂·博恩-穆勒）

第58页图 巴比伦著名的“游行大道”上由跨步向前的狮子装饰，这些狮子与司爱情和战争的女神伊师塔有关（柏林西亚细亚博物馆）。

第60页 上图 罗伯特·科尔德韦在德国格尔利茨（Gorlitz）教了10年建筑学，他完全有能力处理遗址上复杂的历史遗迹。

第60页 下图 1920年代末，科尔德韦让人把整个伊师塔门一砖一瓦地运到他的祖国德国，在那里它被重新组装，现在矗立在柏林的西亚细亚博物馆里。

第60—61页图 建于尼布甲尼撒二世统治期间的伊师塔门是由科尔德韦在1902至1914年间发掘的。

第62—63、64—65页图 伊师塔门曾经矗立在巴比伦的内城入口处。参加宗教仪式的人们在沿着“游行大道”前往最神圣的内殿时，它是必经之处。大门上装饰着色彩鲜艳的釉面砖，上面是龙和牛的浮雕，它们是神的圣物（柏林西亚细亚博物馆）。

1902

阿瑟·埃文斯：

身处弥诺陶洛斯迷宫

希腊青铜时代的米诺斯文明（公元前3100—前1050年）是由英国考古学家阿瑟·埃文斯于20世纪初在克里特岛上发现的。在埃文斯挖掘其于1900年买下的一块约2万平方米的土地时，他发现了一个庞大建筑的遗迹，其仓库形成了一个如同迷宫一般的图案。那独特的建筑激发了埃文斯的灵感，他声称自己发现了半人半牛弥诺陶洛斯（Minotaur，人身牛头怪物）的迷宫。传说中，雅典人要向克里特奉献童男童女作为弥诺陶洛斯的祭品。忒修斯（Theseus）主动请缨，杀死了这个怪物，并找到了走出牛头怪巢穴的途径，这多亏了国王那痴情的女儿阿里阿德涅（Ariadne）的帮助。

然而，埃文斯发现的远不止一个神话。这个以米诺斯国王的名字命名的复杂文明创造出了不可思议的艺术作品。克诺索斯宫殿的内墙装饰着色彩斑斓的壁画，画有鸟、海豚和猴子，还有布满鲜花的崎岖不平的景观，也可以看到男男女女在进行一些神圣仪式活动，比如“跳牛”，即抓着野兽的角快速地从它的背上跳过去。发掘结果显示，这座被埃文斯称为宫殿的多层建筑群，实际上是该岛的主要行政和配送中心，供应大量的商品，包括橄榄油、葡萄酒和谷物，这些都在众多档案式的泥板上列着。埃文斯很快就了解到米诺斯宫殿建筑非常先进，有柱廊庭院、推拉门、供水系统、外部楼梯和木梁，而且建筑结构可以支撑这些宏伟的建筑免受地震的冲击。

在克诺索斯出土的其他器物反映了当时工匠们的技艺，他们用金、银、象牙、彩陶和半宝石制作了珠宝、小雕像和宗教符号，比如双斧标记。埃文斯还发现米诺斯人生产了各种各样的陶器，包括锥形杯、他们给诸神倒奠酒的角状环，以及巨大的储物罐。小型作品往往装饰得很华丽。“海洋风格”是其中一种独特的类型，上面画着有趣又十分逼真的章鱼和其他海洋生物，还有珊瑚和贝壳，它们可以说明米诺斯人与海洋有着亲密的联系。后来在克里特岛各地的发掘表明，米诺斯人是伟大的航海者，他们开辟了与埃及、安纳托利亚和黎凡特（the Levant）等强大的王国间的贸易路线。

1911年，埃文斯因其在考古学领域的贡献而被授予爵士头衔，他为早期米诺斯研究开发了丰富多彩的词汇。他把下沉的石室描述为“净身室”（lustral basin），把公牛角描述为“献祭号角”（horns of consecration），把建筑描述为“宫殿似的”（palatial）。至今考古学家仍热衷于使用这些术语。

埃文斯留下的还有他那些疯狂的重建工程，而且在许多情况下是极不准确的。如今，克诺索斯是一大堆钢筋混凝土，其中的壁画复制品挂在看起来最适合它们的地方，而不是它们真正被发现的地方。最正宗的房间是所谓的“正殿”（Throne Room），在那里，一把有着波浪形靠背和浮雕腿的石椅仍附在原墙的一部分上，让人可以瞥见它在古代时候的样子。王座两侧是狮鹫壁画，狮鹫是一种神话中的动物，鸟的翅膀和头部附在了狮子身上。土红、白色的水平波浪线条将狮鹫置于一种神秘的风景中。巧妙地对着王座的是一间净身室。

埃文斯在拼凑宫殿里的许多惊人发现时非常随意，这是出了名的。例如，在他所重组的“祭司”（Priest-King）壁画中，一个男人留着飘逸的黑发，头戴精心设计的类似王冠的羽毛头饰，只穿了一件蓝色紧身衣和一条条纹迷你裙，他右手握在胸前，就像在列队行军一样。作为宫殿里最容易辨认的形象，这个人物是由三四个不同场景的几块碎片创造性地重构而成，头饰部分是在另一间房间发现的。

随着克诺索斯宫殿的发现，以及随之而来的浪漫故事，埃文斯激发了公众的想象力，且一个多世纪以来，他一直激励着考古学家深入研究青铜时代的克里特岛。尽管埃文斯爵士进行了富有想象力的重建，但他作为“米诺斯考古学之父”将永远被人们所铭记。接替他的一代又一代的考古学家们很快发现，米诺斯文明的真实历史甚至比围绕着它的神话更加迷人。

（埃蒂·博恩-穆勒）

第66页图 作为“米诺斯考古学之父”，阿瑟·埃文斯爵士是第一个提出伟大青铜时代文明的年表的人，根据他在克诺索斯的发掘，他将米诺斯文明分为早期、中期和晚期。遗址入口处有这位发掘者的青铜胸像，至今仍在欢迎着游客的到来。

第68—69页图 阳光普照的开放式庭院是米诺斯宫殿建筑的特色。这里展示的是宏伟的通廊，或者说是通道，位于遗址的南面入口。

第69页图 为众神献上的奠酒是从这尊华丽的滑石角状环中倒出的，它的形状呈现为一头公牛的头，有着水晶镶嵌的眼睛，镀金的犄角，它的口鼻处镶嵌着珍珠母贝（伊拉克里翁考古博物馆）。

第70页图 克诺索斯的墙壁上装饰着丰富多彩的绘画，描绘着日常生活和自然场景。这个复制品描绘的是章鱼的触手，反映出米诺斯人与海洋的亲密关系。

第71页图 克诺索斯的壁画还呈现了宗教仪式。来自所谓“祭拜队伍壁画”（Procession fresco）的这幅图像（复制品），描绘了几个“斟酒人”中一个身材修长的年轻男子的侧面。

第72页图 公牛在米诺斯的宗教仪式中扮演了重要的角色。图中展示了一段墙壁装饰的复制品，呈现如浮雕一般的是一头生机勃勃的公牛像。

上图 第72页图所示的公牛是这座建筑第二层的装饰特色，位于宫殿北门形状独特的米诺斯石柱（也是复制品）的后面。

下图 埃文斯在用钢筋混凝土大肆重建克诺索斯时做了“艺术性的发挥”。在整个宫殿里，就像这里的正殿外部一样，他在门框周围使用了一种不同的颜色，以代表原本在地震中用在这里来缓冲石头结构的木头。

第74、75页图 被称为“狮鹫”的复合生物，如上图这个被修复了的作品所示，是地中海东部艺术中常见的图案。狮鹫被认为是无所不能的，它常常与伟大统治者的图腾联系在一起。这里，它们位于雪花石“王座”（原宫殿的）的侧面，王座对面是一间净身室，或者说是一间下沉的房间，它可能曾经被灌满了净化仪式所需的水。

第76—77页图 米诺斯的“跳牛”被纳入成人礼仪式中，青年男性会抓着公牛的角，并从它的背上跳过去。在图中的场景中，有两位可能代表年轻女性的人物在辅助着跳跃者（伊拉克里翁考古博物馆）。

伦纳德·伍莱：

迦勒底人的乌尔城

1922年，也就是霍华德·卡特发现图坦卡蒙墓葬的那一年，英国考古学家查尔斯·伦纳德·伍莱（1880—1960年）开始在伊拉克南部平原靠近幼发拉底河的一座小山上开展发掘工作。早在19世纪中期，这个地方就被认为可能是苏美尔人乌尔城遗址的所在地，乌尔在《圣经》中是亚伯拉罕的出生地，但是在那里尚未进行过任何考古探索。

伍莱指挥的这次任务是由大英博物馆和宾夕法尼亚大学联合组织的。除了单纯的寻找宝藏外，他们还安排了对遗址进行系统科学的研究，可以说体现20世纪初兴起的新的考古方法。伍莱团队在1922年至1927年间进行的地层发掘使他们得以研究这一人类居住地的各个地层，并发现这座城市从公元前4000年开始就形成了。而这个年代与这位考古学家认为“全球大洪水”证据所在的那一层相对应。随着公元前400年左右幼发拉底河改道，水源干涸，这座城市在经历了不同历史时期（苏美尔、巴比伦、亚述、波斯）之后最终被遗弃。

在挖掘过程中发现的主要建筑之一是巨大的金字形神塔，这是新苏美尔国王乌尔-那姆（Ur-Nammu）为了供奉南纳（Nanna）神在公元前2000年左右建造的一座阶梯砖塔，并且在新巴比伦（Neo-Babylonian）时期得到了修复。而收获最佳成果的是伍莱1927年至1934年在乌尔墓地的挖掘工作，发现了2000多个墓葬。伍莱确定了有16座王室陵墓，其中两座完好无损。普阿比（Puabi）王后、麦斯卡拉姆杜格（Meskalamdug）国王和阿巴尔吉（Abargi）国王的坟墓里都有令人惊叹的黄金制品：王冠、戒指、珠宝、金头盔、匕首、雕像、花瓶还有非凡的乐器，例如覆盖着金箔的七弦竖琴。著名的“乌尔军旗”（Standard of Ur）是一个装饰着贝壳，有天青石和红色石头镶嵌的“盒子”，它同样出自这里的墓葬。该物品上的绘图生动地展现了苏美尔人的生活，包括军事和平民生活，其中国王处于社会阶层的顶端。考古学家们发现了一个特别的细节：每个墓葬中都有一个深坑，里面有人类和动物的遗骸。其中一个坑里有74具尸体，被命名为“大死亡坑”。尸体沿着房间的墙壁整齐地排成一排，一个挨着一个，其中大多是女性，周围还有杯子和罐子陪葬，仿佛他们在临死前吃了一顿丧葬宴。这些遗骸，无论是男性女性，丝毫没受到暴力的迹象。由此伍莱假设这些仆人、贵族、王室成员是自愿牺牲的，抑或是他们在统治者去世时实施了自杀行为，以使他们有可能有幸被葬在君主的附近。宾夕法尼亚大学最近使用电脑断层扫描的方式，对伍莱修复的一些遗体进行了调查研究，结果显示这些人可能是头部受到猛烈撞击而死亡的。

为了修复和保护在墓地中发现的易碎物品，伍莱采用了一种既简单又天才的方法：他把蜡倒在这些文物上，然后把它们连同周围的泥土一起移走，以便随后在实验室中将它们取出并进行研究。

伍莱在乌尔进行考古任务时，那个时代的许多名人都前来参观这个重要的美索不达米亚遗址，包括比利时国王阿尔贝一世（Albert I）和托马斯·爱德华·劳伦斯（T. E. Lawrence，也被称为阿拉伯的劳伦斯），他们在第一次世界大战前与伍莱一起在迦基米施（Kharkhemish）展开挖掘。著名作家阿加莎·克里斯蒂（Agatha Christie）也造访了乌尔，并在那里遇到了她未来的丈夫——伍莱的助手马克斯·马洛温（Max Mallowan）。自1934年伍莱指挥的最后一季发掘工作以来，几乎没有有关于乌尔的新研究。伊拉克的考古学家对这个金字形神塔进行了很好的修复和重建，而该遗址和其他许多遗址一样，在战争中遭受到了破坏。乌尔发掘出的一些文物被保存在巴格达的国家博物馆里，却在2003年4月遭到了严重的抢劫。幸运的是，博物馆最重要的文物都被存放在银行的保险库里。

（乔治·费雷罗）

第78页图 在乌尔发掘接近尾声时（1933—1934年），查尔斯·伦纳德·伍莱着手清理墓地内的10号深坑，该墓穴可追溯至捷姆迭特·那色（Jemdet Nasr）时代。总共用了150名工人才移走了1.3万立方米的泥土。

第80—81页图 这座历经大规模重建的乌尔金字形神塔是一座阶梯式金字塔，有供奉月亮女神南纳的神庙。该神塔始建于乌尔第三王朝（约公元前2050年），重建于新巴比伦时期（公元前6世纪）。

第81页图 伍莱带领着由大英博物馆和宾夕法尼亚大学组成的联合考古考察队，在乌尔开展了为期12季（1922—1934年）的作业。陪同他的是1927年嫁给他的妻子凯瑟琳（Katherine）。

第82页 上图 在1928至1929年期间，伍莱在乌尔王室墓地发掘了编号为PG 1237的墓穴，并将其改名为“大死亡坑”，因为那里埋葬了74位陪葬者。他在同一块墓地还发现了一把长着公牛头的七弦竖琴。

下图 伍莱小心翼翼地处理在乌尔墓地被发现不久后找到的一把七弦竖琴。

第83页图 伍莱在普阿比女王的坟墓（PG 789）中发现了牛首七弦琴，它与葬礼仪式和太阳神沙玛什（Shamash）有关。竖琴的前面板有青金石和贝壳镶嵌（伦敦大英博物馆）。

伦纳德·伍莱：迦勒底人的乌尔城

第84—85页图 伍莱在PG 779墓中发现的乌尔军旗是一个小型梯形盒子，上面采用了青金石和贝壳的镶嵌工艺。尽管它也可能是乐器的音箱，但考古学家认为这是乌尔王的军旗。这里展示的镶板被称为“战争面”（War Side），描绘了苏美尔国王作为军事领袖的场景（伦敦大英博物馆）。

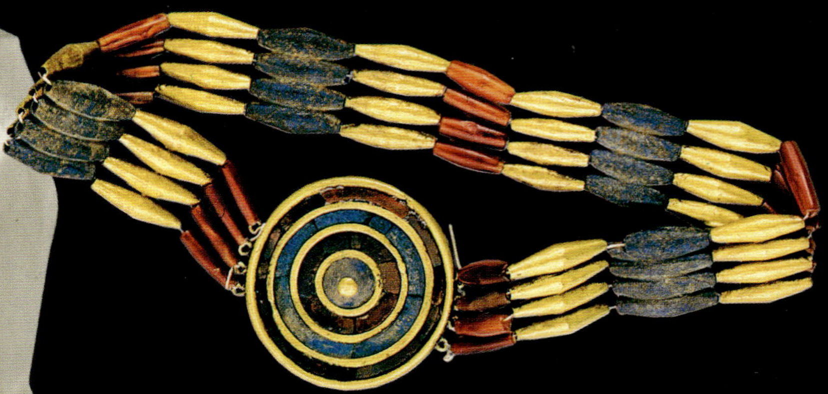

第86页图 伍莱在乌尔王陵发掘时发现了一些非常华美的女性珠宝。有漂亮的手镯、项链、颈链、耳饰和用黄金、青金石和珊瑚做成的头饰。通过人体模型的展示，人们可以了解这些个人陪葬品所代表的财富（伦敦大英博物馆）。

第87页 上图 这些精美的女性珠宝在1929年的发掘中出土。

第87页 下图 乌尔出土的珠宝使用了大量的珊瑚和天青石，这表明苏美尔人与外部世界建立了一个巨大的贸易网络。青金石出自今天的阿富汗地区，而珊瑚出自印度西海岸（伦敦大英博物馆）。

第88—89页图 1924年，伍莱发现了一顶仪式用的金头盔，它属于被葬在乌尔墓地的麦斯卡拉姆杜格，他是苏美尔的一位国王，生活在公元前2400年左右。图为这件头盔的复制品（伦敦大英博物馆）。

下图 伍莱在乌尔王室墓地的普阿比王后墓中发现了这件牛轭部件。它可以用于把动物拴在雪橇上以便运输货物。圆环和下面的部分是银的，而野驴是用银金合金做的（伦敦大英博物馆）。

马克斯·乌勒：

安第斯文明考古学之父

马克斯·乌勒被亲切地称为安第斯文明考古学之父，他对玻利维亚、秘鲁、智利和厄瓜多尔遗址的开拓性发掘，对史前南美领域产生了持久的影响。乌勒出生于德国，接受过语言学训练，他从19世纪末开始，在前往该地区为德累斯顿（Dresden）和柏林的博物馆做调研、收集文物的过程中对考古学产生了浓厚的兴趣。他后来的考古探险得到美国探险协会（American Exploration Society）以及出版业巨头威廉·伦道夫·赫斯特（William Randolph Hurst）的母亲菲比·赫斯特夫人（Phoebe Hurst）的赞助。乌勒接着又研究和发掘了许多遗址，其中最著名的是蒂瓦纳科（Tiwanaku）和帕查卡马克。

1892年，乌勒出版了一本关于玻利维亚蒂瓦纳科的书，这是他早期旅行中造访过的一个遗址。由于它矗立着的巨大石块与周围平坦的高原格格不入，也被称为“美国的巨石阵”，它于500年到1000年间成为聚居地，然后在15世纪印加人（Inka）到达之前被遗弃。

第一个详细科学记述该遗址的文献是《古秘鲁高原上的蒂瓦纳科遗址》(*Die Ruinenstatte von Tiahuanaco*)，由他与摄影师兼工程师冯·格伦布科（B. von Grumbkow）合作完成，现在仍是备受推崇的文献资料。乌勒于1894年回到这里，急切地想开始考古发掘，却发现一支玻利维亚军队正在利用这座曾经辉煌之城的遗迹进行打靶练习。他向政府报告了这一事件，并要求保护这一遗迹。令乌勒沮丧的是，政府同意介入并帮助保护它，但也禁止了发掘行动，甚至不允许乌勒在该国其他任何地方进行发掘。于是这位勇敢的探险家越过边境进入了秘鲁。

1896年，乌勒开始在利马南部的帕查卡马克进行发掘。从200年左右开始，这个重要的沿海宗教中心在不同的文化背景下繁荣了约1300年，吸引了大批朝圣者前往这里著名的神迹和神庙。这座城市的主神是帕查卡马克，即创造之神和农作物的保护者。

乌勒发掘出该遗址具有代表性的建筑，包括它的墙壁、带坡道和广场的泥砖阶梯式神庙或金字塔，还发掘出了各种各样的陶器、石器，以及由羽毛、贝壳和骨头等有机材料制成的工艺品。这些发现对建立安第斯年表至关重要，但该遗址同样以其不寻常的人类遗骸而闻名，乌勒以科学细节对此进行的描述是出了名的。

他首先写到在神庙建筑群的一个平台上发现了一个墓地，里面埋葬着牺牲的玛玛库纳（mamacuna），即被称为太阳神处女（“Virgins of the Sun”）的遗体，这是一群被挑选出来为神庙及其祭司服务的女性。北面是帕查卡马克神庙，其墙壁上装饰着五颜六色的动物和鸟类的图画，附近埋葬着一些短发男子遗骸，他们很可能是高级官员。然而在平台下面，他发现了最早、也是最不寻常的墓葬，可追溯到6世纪左右。安放在石头和泥砖砌成的坟墓里的是一个个木乃伊包，覆盖有彩陶或木头做成的头颅，那嵌着的一眨不眨的贝壳状眼睛似乎正在窥视。

木乃伊的尸体里面装满了巴喀豆（pacae）和鳄梨叶，由棉质裹尸布和一个篮状结构固定着。而木乃伊的陪葬品都是供来世使用的物品，比如葫芦和盛放食物和酒的陶瓷器皿。

乌勒是一位真正的科学家，他把第一个“木乃伊包”简单地称为“第1044号”发现。

宾夕法尼亚大学考古和人类学博物馆最近对一些木乃伊进行了技术研究，其中一具木乃伊是献祭的婴儿；还有一具装着一个患有疑难病症的孩童。

马克斯·乌勒所做的细致研究、科学的田野报告，以及他出版的详细论述他杰出发现的著作，对今天的学者来说仍然是非常宝贵的参考资料。然而，更重要的是，他的发掘吸引了全世界的关注，令这些曾经失落的遗址和文化重见天日，并激励着子孙后代去探索它以及更远的地方。

（埃蒂·博恩-穆勒）

第90页图 1895年，马克斯·乌勒带领宾夕法尼亚大学博物馆考古队在玻利维亚和秘鲁进行了首次南美考察。

第92—93页图 在帕查卡马克发现的数千个木乃伊包（纺织品紧密包裹着弯曲着的身体并配有人造头部）。

下图　乌勒在帕查卡马克发掘出泥砖阶梯式金字塔，或称神庙，那是祭拜这座城市主神的地方。这位重要的神灵需要被崇敬与安抚，因为他可能会引起地震。

上图 蒂瓦纳科标志性的太阳门是一个高2.5米、重达10多吨的巨石结构，它的中心是所谓的“太阳神”形象。学者们认为他可能代表了维拉科查（Viracocha），印加的创造之神，他手里拿着一根棍子，可能还有一支长矛。即使到今天，每年仍有成千上万的人聚集在这里迎接春分之时。

第95页图 维拉科查的两侧分布着30个带有翅膀的生物，它们可能代表着他的随从。学者们认为，这扇门最初坐落在该遗址的普马彭古（Pumapunku）神庙，后来在1000年左右搬到了这里。一些人认为这一举动导致了门上裂缝的产生；另一些人则将裂缝归咎于西班牙人，他们于16世纪中叶来到这里意图消灭异教。

埃内斯托·斯基亚帕雷利：

一位埃及王后的墓葬

许多埃及古物学家考察了帝王谷以南的峡谷以寻找古墓。在古代，它被称为“美人的地方”(Ta set neferu)；在19世纪，这里成为“王后谷”(Biban el-Harim)。19世纪初，威尔金森(Wilkinson）在那里发掘，19世纪30年代，罗塞利尼（Rosellini）前赴考察，自1845年则是累普济乌斯（Lepsius)。但在那里最伟大的发现要数拉美西斯二世的王后奈菲尔塔利的坟墓。这一发现归功于埃内斯托·斯基亚帕雷利，他于1904年打开了陵墓并发现了其无与伦比的壁画。

斯基亚帕雷利（1856—1928年）出生于一个学者家庭，他的父亲是都灵大学的历史学教授。斯基亚帕雷利在都灵大学（University of Turin）获得了埃及学学位。他在1881年至1883年担任佛罗伦萨埃及博物馆馆长，对藏品进行了整理。随后，他在埃及成立了意大利考古使团（Italian Archaeological Mission)，并被任命为都灵埃及博物馆馆长（1894—1927年），他将该博物馆提升为世界知名的埃及藏品馆。斯基亚帕雷利意识到都灵只展出了新王国的文物，在某种程度上，他从1903年至1920年间在黑里欧波里斯（Heliopolis)、吉萨、赫尔莫波里斯（Hermopolis)、艾斯尤特（Assiut)、卡乌艾尔-凯比尔(Qau el-Kebir)、盖博拉（Gebelein）和阿斯旺（Aswan）的挖掘是为了填补收藏品的空白。他最重要的出版物《古埃及丧葬记》(*Il Libro dei funeral ali degli Antichi Egiziani*，1882年）是关于埃及丧葬文化的。1884年，与方济各会传教士一起留在卢克索（Luxor）的斯基亚帕雷利成立了一个帮助意大利传教士脱贫的协会。尽管如此，斯基亚帕雷利的名声在很大程度上还是建立于他在王后谷和附近的德尔麦迪那（Deir el-Medina）开展的发掘工作上。在那里，他发掘了王陵工人（牧师、官员、工匠和艺术家）的居住地和墓葬。

王后谷不仅是埃及王后和公主的葬身之地，也是王子的葬身之地。从18世纪到20世纪，在那里已经发现了80座墓葬，其中13座是斯基亚帕雷利在1903—1905年的发掘工作中发现或确认的。奈菲尔塔利的坟墓在古代曾被洗劫过，但留有几块粉红色的花岗岩石棺盖碎片（下半部分显然已被原封不动地移走了）和她的镀金木棺的碎片。至于她的木乃伊，只有腿部的残片现在存放在都灵。斯基亚帕雷利修复了陶器碎片、木制仆人陪葬俑（shabtis)，以及一些被抢劫者丢失或掉落的珠宝。

其实奈菲尔塔利陵墓的辉煌之处在于，它的墙壁上覆盖着一系列的碑文和绘画。在鲜艳的色彩中，皇后反复地出现在四位伟大女神——伊西斯（Isis)、塞勒凯特（Selket)、奈芙蒂斯（Nephthys）和哈托尔（Hathor）的面前，或向她们献祭。在另外有些地方，她与冥界之王俄塞里斯（Osiris）和造物主卜塔（Ptah）一起出现。亡灵接引胡狼面神阿努比斯（Anubis）非常显眼。墙上的文字来源于《白昼来临书》(*Book of Coming Forth by Day*)，这是埃及丧葬文献，意在引导奈菲尔塔利进入来世，并在旅途中保护她。实施进一步保护的是守护者（例如有翼眼镜蛇），而埃及的宇宙秩序化身女神玛亚特（Ma'at）则将她的翅膀展开沿奈菲尔塔利的象形茧(Cartouche）伸展，守护着它们。

然而，这些绘画比想象的要脆弱得多。王后谷中的石灰岩严重断裂，并有燧石带贯穿其中。因而，艺术家们在石头上涂了一层厚厚的灰泥，在上面勾勒出文字和画面。然后对墙壁进行石膏冲洗，并涂上各种颜料，其中一些颜料能牢固地附着在表面，而另一些则不能。随着陵墓的开放，这些绘画很快就变色了，陵墓随即于1934年被关闭。

盖蒂保护机构（Getty Conservation Institute）在1986年至1992年实施的一项重大修复举措拯救了这些画作。

第96页图 拉美西斯二世的妻子，王后奈菲尔塔利，被安葬在王后谷一座装饰华丽的墓葬里。这张照片呈现了墓室的场景，她头戴象征着女性王族的秃鹫头饰。

第98—99、99页图 坟墓被发现时所留下的记录和拍摄的照片对盖蒂保护机构能够成功修复这些画作起到了关键作用。

奈菲尔塔利的家庭背景不详，也许是底比斯（Thebes）的一个贵族家族。在她的墓中发现了一个象牙/骨质钮饰，上面刻有图坦卡蒙的继位者、第18王朝法老阿伊（Ay）的雕饰，这使我们推测她与法老阿伊有某种联系，但要说这是家族上的联系，那纯粹是猜测。

奈菲尔塔利名字的含义是“与美有关的人”。在很小的时候，就嫁给了拉美西斯。她30多岁就去世了，为他生下了至少6个孩子。她有着“国王伟大的妻子”（卓越的女王）和“两块国土的女主人”（Mistress of the Two Lands）的称号，这表明她在上下埃及的事务中扮演着重要的角色。

（马克·罗斯）

上图　冥界之神俄塞里斯出现在奈菲尔塔利坟墓的一面墙上。他有着独特的灰绿色皮肤。

下图　斯基亚帕雷利绘制了这张奈菲尔塔利墓的平面图，作为他发表的有关这一发现的文献插图。

第100—101页图　奈菲尔塔利的墓室中朝向入口的景象，前景的柱子上绘有穿着豹皮的祭司。

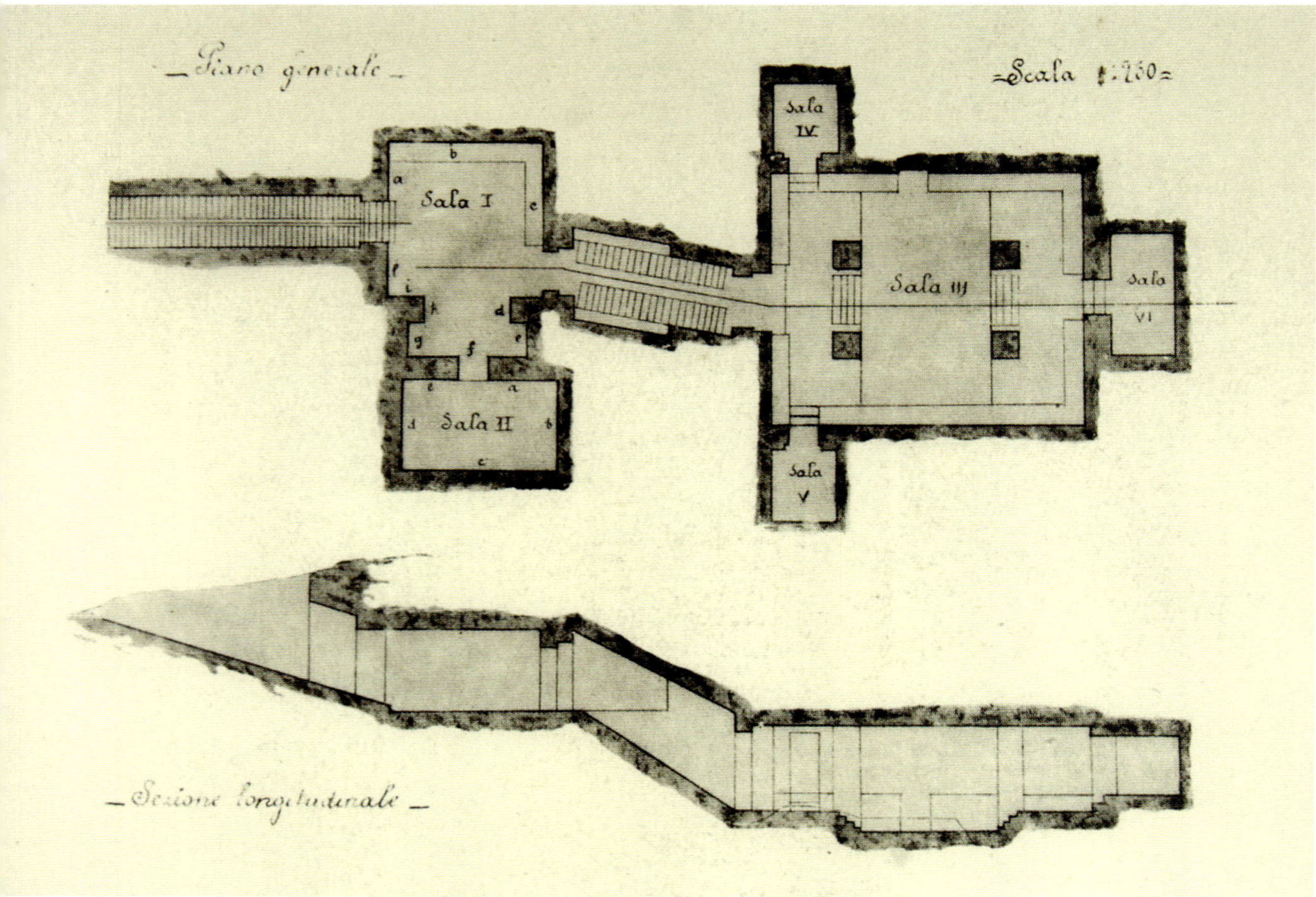

卡和梅尔耶特的坟墓

第102页 左图 当斯基亚帕雷利发现建筑师卡（Kha）的人形石棺时，它原封不动地位于原来的位置——德尔麦迪那墓穴内（都灵埃及博物馆）。

中图 卡的妻子梅尔耶特（Meryet）的木乃伊在一个木制的石棺里，她的脸上戴着一个丧葬用面具。这张照片是在她被发现不久后拍摄下的。

第102—103页图 斯基亚帕雷利为德尔麦迪那挖掘工程而雇佣的埃及工人正聚集在掘出的那些坟墓的入口处。

在奈菲尔塔利的陵墓被发现两年后，斯基亚帕雷利在考察德尔麦迪那的过程中又有了惊人的发现——第十八王朝的建筑师卡和他的妻子梅尔耶特的陵墓。埃及文物局督查亚瑟·韦戈尔（Arthur Weigall）在2月的某一天对这一事件进行了描述：“通往山坡的通道入口被一堵粗糙的石头墙堵住了……我们意识到，我们即将看到的东西可能是世人从未见过的。”坟墓完全是完好的，“在3000年前就已经燃尽的灯里，还残留着灰烬。人们不禁感到困惑，在罗马和希腊还没有建成、亚述不存在、希伯来人还未逃出埃及时，这些看似还未冷却的灰烬真的就不再发光了吗？”

与卡一同下葬的有一个王室腕尺（52.5厘米），由镀金的木头制成，显然是阿孟霍特普二世（Amenhotep II）送给这位建筑师的礼物。卡和梅尔耶特的墓葬向我们展示了富裕的中产阶级埃及人期望在来生使用的东西。卡有他的剃刀和剪刀，而梅尔耶特享有她的假发和化妆盒。墓中有丰富的食物储备、衣服和亚麻制品。在休闲娱乐方面，卡有他的塞尼特（Senet）棋棋盘。墓室并没有壁画，但是卡的随葬品包含已知最早的一本《亡灵书》(*Book of the Dead*)，这本书大约14米长，内附彩色插图。1966年的x光片显示，这两具木乃伊身上都有珠宝，但他们从未被拆解过。卡的脖子上挂着一条沉甸甸的项链，很可能是法老赐给将领和官员的那种“荣誉之金”。

（马克·罗斯）

路德维希·博尔夏特：

纳芙蒂蒂的胸像

埃及著名的艺术杰作中，公元前14世纪后期王后纳芙蒂蒂的胸像尤为令人印象深刻。她头戴一顶高高的蓝色平顶王冠（原先其正面有一条眼镜蛇饰物），她那修长的脖颈、高高的颧骨、优雅的弓形眉毛、带有边缘眼线的眼睛还有那淡淡的微笑，都很迷人。如今藏在柏林新博物馆（the Neues Museum）的这件石灰石彩绘石膏雕像是由路德维希·博尔夏特在“异端法老”阿肯那顿的都城阿玛纳发现的。

纳芙蒂蒂，这个名字是“美人来临”的意思。我们并不了解她的祖先，她可能来自埃及的一个精英家庭，也可能是图坦卡蒙的继任者，那位年长、有权势的朝臣阿伊的女儿。有人认为，她可能是嫁给法老的外国公主之一，可能是米坦尼王国（Mitanni）的塔杜赫帕（Tadukhepa）公主，以埃及人的名字与法老结成政治联盟。

博尔夏特生于1863年，1883年至1887年在柏林学习建筑，之后转修埃及古物学。1895年，他加入柏林博物馆的埃及艺术部门，接着在1896年至1899年，他在埃及文物局工作，为开罗的埃及博物馆撰写古物总目录。1907年，博尔夏特在开罗创办了德国古埃及考古研究所，并担任首任所长。1929年，从研究所退休后，他迷上了失落的亚特兰蒂斯城（Atlantis，他认为位于突尼斯撒哈拉的一处遗址可能就是那座传说之城）。20世纪30年代末，身为犹太人的博尔夏特住在瑞士以躲避纳粹的迫害（他的弟弟死于奥斯威辛集中营），于1938年在巴黎去世。

1907年，博尔夏特开始在阿玛纳为德国东方协会工作。1912年12月6日，他的团队在阿玛纳南部挖掘一座泥砖别墅的遗迹。在那里的一个小房间里，他们发现了一组雕像。这个别墅属于阿肯那顿雕塑家图特摩斯，这些雕像包括20多个原型石膏模型、模型和石雕胸像（各种颜色的石英岩），这些石雕头像有些未完成，只绘了底稿，有些是完成的，但缺了眉毛和眼睛的镶嵌部分，或者缺失了王冠。阿肯那顿、他的父亲阿孟霍特普三世（Amenhotep III）、纳芙蒂蒂、阿肯那顿的妃子基亚（Kiya）和女儿们被确定是这些胸像的原型。

纳芙蒂蒂胸像的右眼镶嵌了黑水晶的眼瞳，而左眼到底发生了什么，还在争论中。一些学者认为左眼没有被镶嵌过，因为它的眼眶里没有胶水残留，并且提出这尊胸像可能是用来向年轻的雕塑家展示表现眼睛的技法。另一些人说，这只眼睛原本是存在的，但在过去的某个时候掉落了。有趣的是，早期的照片显示这件胸像布满尘土，但眼眶处却非常干净。水晶难道是在挖掘的时候掉落遗失了吗？博尔夏特四处寻找，但毫无结果。

有关纳芙蒂蒂的胸像可能是赝品的谣言时常浮出水面。对胸像持怀疑态度的人声称，它被保存得太好了，简直令人难以相信它是真的：略有损坏的是王冠的前部和王后的耳朵，而脸部则完好无损。另一些人则认为，这件雕塑的美学与它被发现时所流行的装饰艺术（Art Deco）风格很接近，令人感到怀疑。但它被发现时在现场拍摄的照片显示，它是被尘土覆盖着的。也许这些谣言指向的是另一件据说在柏林制造的复制品，这件复制品被柏林博物馆用于借给其他机构。

围绕纳芙蒂蒂胸像所有权的争议不断。当文物被发现后，按照惯例，发掘者和埃及公平分配这些文物。在这个案例中，这件胸像落入了詹姆斯·西蒙博士（Dr. James Simon）的手里，他资助了此次德国人的挖掘。1920年，西蒙把他的收藏品捐给了普鲁士，随即在1924年向公众展出。埃及要求归还这尊雕像，声称文物的分配是被操纵的，博尔夏特故意没有清理，掩盖了它的价值。20世纪30年代中期，纳粹政权想要加强与埃及的关系时，希特勒也坚决不归还这件胸像，因为他非常欣赏和珍视它。

1978年，埃及继续与德国进行交涉，埃及最高文物委员会主席扎希·哈瓦斯要求归还纳芙蒂蒂的胸像。2003年，柏林博物馆方将这尊胸像暂时放在一个完整的青铜体上，并拍摄下这个整体作为艺术品展示，这一问题被放大了。而博物馆声称，这尊胸像过于脆弱以至于经不起运输，所以即使是短期租给开罗也不行，这一说法遭到了质疑。

（马克·罗斯）

第104页图 1912年12月6日，来自德国东方协会的埃及古物学者赫尔曼·兰克（Hermann Ranke）教授正在观察纳芙蒂蒂的胸像，当时这件作品刚从阿玛纳的遗迹中被找到。

第107页图 纳芙蒂蒂胸像自被发现以来，以其非凡而永恒的美吸引着学者和古物爱好者们。距发现它时已经过了100多年，而关于其所有权的争论仍未平息（柏林新博物馆）。

左图　路德维希·博尔夏特在图特摩斯雕塑工作室的废墟中发现了各种石膏作品，这是其中一件具有王后纳芙蒂蒂特征的作品（柏林新博物馆）。

下图　博尔夏特在阿玛纳发掘时发现了这具石膏胸像，它可能表现的是年轻的图坦卡蒙（柏林新博物馆）。

第109页图　博尔夏特花了很长时间，很努力地寻找，但最终还是没有找到那颗可以使纳芙蒂蒂胸像的左眼变得完整的水晶镶嵌物（柏林新博物馆）。

“我看到了，太美妙了”：

霍华德·卡特和国王图坦卡蒙的坟墓

1922年11月26日，在埃及帝王谷，三个男人和一个女人面对着一扇古老的、被石墙密封着的大门。其中一名男子在他面前这个有着千年历史的灰泥板上打了一个洞，这时他们都屏住了呼吸。他紧张地举起一根蜡烛，将它靠近刚刚凿开的洞口，并观察着另外一边的情况。他身后的一个人打破了这令人窒息的沉寂。“你能看见什么吗？”“我看到了，太美妙了。”霍华德·卡特就在刚才打开了图坦卡蒙的坟墓。从那一刻起，考古学就此改写。

卡特于1874年出生在英格兰。他以艺术家的身份来到埃及，在埃及探索基金会的指导下执行考古任务时，只有17岁。他当时的工作任务是再现法老纪念碑上的图像和铭文。他与珀西·纽伯里（Percy Newberry）、爱德华·纳维尔（Edouard Naville）和威廉·弗林德斯·皮特里（William Flinders Petrie）等杰出的考古学家合作，很快就掌握了埃及古物学的技术和秘密。他在参与阿玛纳、哈特谢普苏特（Hatshepsut）的德尔巴赫里（Deir el-Bahri）神庙和一些埃及中部遗址的发掘工作中习得了扎实的训练和实地经验。1899年，年仅25岁的卡特被埃及文物局任命为上埃及文物总督察，让他负责研究古底比斯周围的考古遗址，这显然是一个很有声望的职位。他负责的第一个项目包括安排将1898年由一名法国埃及古物学者维克多·洛雷（Victor Loret）在帝王谷的阿孟霍特普二世坟墓中发现的王室木乃伊运输至开罗，而帝王谷成为卡特余生所痴迷的一个地方。

与此同时，1900年，卡特在德尔巴赫里平原的一条挖掘地道的尽头发现了法老门图霍特普二世（Montuhotep II）的纪念碑。但他最大的愿望是在那座帝王谷中开展自己的发掘项目，他希望在那里能够实现像洛雷一样的发现。1902年到1904年间，在富有的美国律师西奥多·戴维斯（Theodore Davis，在帝王谷享有特许权）的资助下，他进行了一些发掘。他设法去寻找哈特谢普苏特和图特摩斯四世的坟墓，但在1904年，他被调往下埃及，担任该地区新的总督察。1905年，塞加拉（Saqqara）的埃及警卫和一些醉醺醺的法国游客发生了争执。卡特在纠纷中援助了他的警卫，事故逐步升级为外交事件，卡特受到了处分。卡特留在了埃及，靠出售他所作的有关古迹的图画为生。1907年，他遇到了一位富有的英国贵族，卡那封伯爵（Lord Carnarvon），爱德华·曼德尔·赫伯特（Edward M. Herbert）。赫伯特来到埃及是因为那里炎热干燥的气候有利于治疗他的呼吸问题，并且他得到了在帝王谷发掘的特许权。两人开始了合作，尽管他们的搜寻结果不尽如人意，但他们的伙伴关系一直持续到了第一次世界大战爆发。战争结束后，他们回到了帝王谷继续考察，并又获得了挖掘特权。

卡特的梦想是找到图坦卡蒙的坟墓。图坦卡蒙是一位鲜为人知的第十八王朝法老，生活在阿玛纳王朝末期。这位法老的名字被刻在埋藏于帝王谷中的一些物品上。考古学家开始了系统而细致的发掘工作，寻找坟墓的入口，检查着那些尚未涉及的区域。然而，尽管他作出了努力，他所期望的结果并没有出现。1922年夏天，卡那封伯爵决定下一季之后就会终止资助这个项目，这将是卡特最后的机会。卡特于当年11月1日再次展开挖掘，他锁定了一块面向拉美西斯六世墓入口呈三角形状的区域。陵墓工人的屋棚遗迹已经陷没在了沙土中。这个地方似乎很有希望，它离每天引领游客游览帝王谷的小径太近，还未被探察过。11月4日，卡特的团队在岩石中发现了一个台阶，就在其中一间茅屋的正下方。在接下来的几天里，又有16级台阶被发现，它通向一扇被严密封闭的门。毫无疑问这意味着卡特在这座山谷中发现了一座未被发掘的坟墓。

11月6日，他在英格兰给卡那封伯爵发了封电报：“终于在山谷里有了惊人的发现——一座密封完好的、华丽的陵墓，我们会把它恢复到原样等着您的到来，祝贺您。”11月23日，卡那封伯爵和他的女儿伊夫琳（Evelyn）在帝王谷与卡特会合。美国工程师阿瑟·卡伦德（Arthur Callender）赶到现场协助行

第110页图 在灯光下，霍华德·卡特正在检查存放图坦卡蒙石棺的4层木椁其中一个的内部。

上图 卡特绘制了这张帝王谷的平面图，上面标记了工人们的屋棚的遗迹（左边）。这位考古学家在这些屋棚的下面发现了图坦卡蒙陵墓的入口。

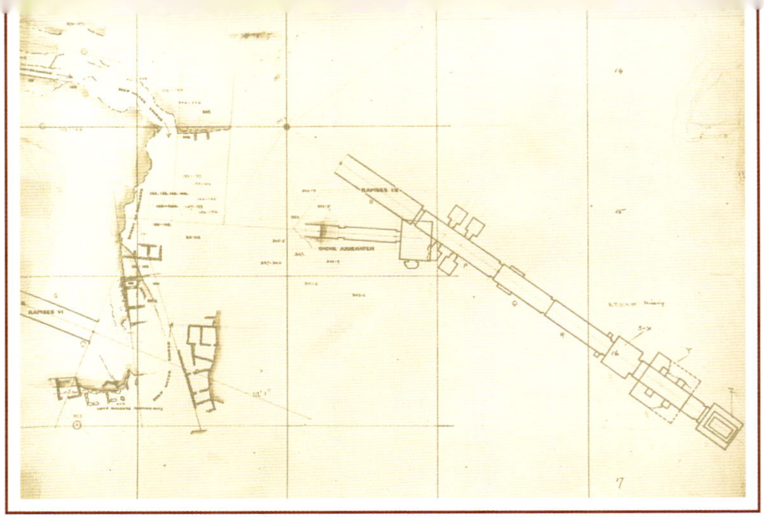

下图 帝王谷是一个不寻常的聚会地点，但是为了庆祝图坦卡蒙陵墓的发现，茶点还是出现在这里，以慰劳考古团队成员。

第113页图 图坦卡蒙的陵墓由石墙围护着，其入口处在拉美西斯六世陵墓的入口（图片中心处）前方。

动。这扇封闭的大门在古代曾被打开并重新密封过，上面清晰可见封印和图坦卡蒙的印章。在门的另一边，卡特发现了一条满是碎石的下行过道，到11月26日已被清理干净。那天，卡特在过道尽头那扇密封的大门上开了一个洞，第一次看到图坦卡蒙墓中令人惊奇的宝藏。虽然它在法老时代曾被盗墓者闯入过，但并没有像山谷里的其他陵墓一样被洗劫一空。事实上，这位法老的陪葬品库几乎完好无损。这一惊人发现迅速传播开来，帝王谷瞬间挤满了记者、好奇的旁观者和当局人员，他们都前来围观清理这些文物的过程。卡特处理这些文物时非常小心翼翼，其团队共花了8年时间才清理出墓中近3500件物品。在此期间，这些出土物被编目、拍照、修复，最后被运到了开罗博物馆，如今在那里可以看到这些珍品。

墓室的第一部分是前厅，里面满是随意堆放的物品：战车、葬礼床、木箱和器皿、武器、雪花石膏罐、椅子和凳子、珠宝以及衣服。其中最珍贵的物品无疑是国王的金色王座，其椅背上有年轻的法老和他的妻子安克姗海娜曼（Ankhesenamun）华丽的浮雕像。在1927年至1928年间，堆放在前厅不远处一个耳室的物品被移走了。前厅内还有一扇封闭的门，两侧立着两尊图坦卡蒙木雕像。这扇门于1923年2月17日被正式打开，显露出里面的景象。这座陵墓唯一一处有壁画的就是这间墓室，它几乎完全被用镀金木头建造的木椁占据着，里面装有法老的石棺。墓室通向最后一个房间——宝藏室，那里堆放着更多令人意想不到的物品。这些物品中有一尊雕像，描绘的是伏坐在木箱上、胡狼形象的阿努比斯神。在一

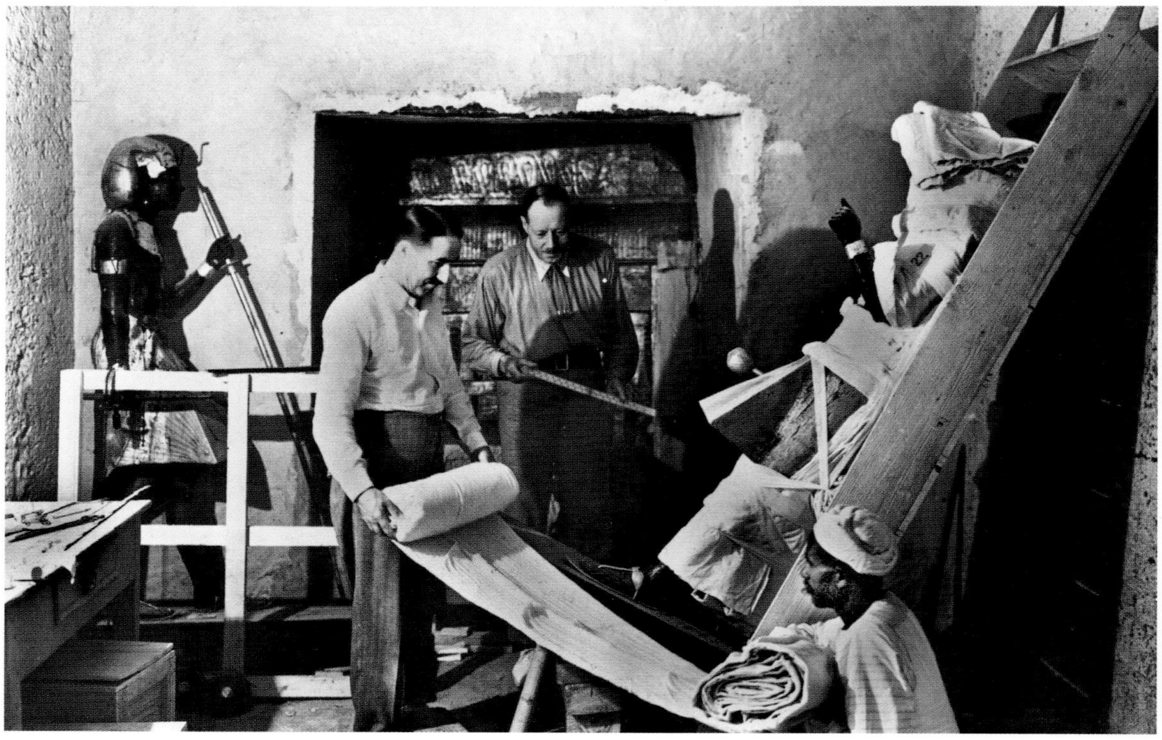

上图　这是前厅内一扇通向墓室的封闭着的门，其两侧是法老的两尊木雕。去除灰泥后，露出了镀金的木椁。

下图　卡特、他的助手阿瑟·卡伦德和一名埃及的助手在为运走这两尊从前厅发现的木制雕像做准备。

第115页图　前厅的两尊木制雕像被涂成了黑色，部分有金层覆盖，描绘的都是图坦卡蒙（开罗埃及博物馆）。

个镀金的木制圣体龛里发现了4个装有法老木乃伊器官的雪花石膏制容器，即卡诺皮克（Canopic）罐。从1924年到1925年，墓室成为卡特和他的团队日夜忙碌的地方，但那也是其中一段最微妙的岁月，艰难、谨慎与激动相互交织着。卡那封伯爵于1923年4月去世，未能在这一工作的关键阶段提供帮助，既而助燃了“法老的诅咒”这一传说。

上图 卡特和他的团队从图坦卡蒙墓的前厅里抬出了葬礼床的部件。

下图 卡特在图坦卡蒙墓的前厅中发现了三张镀金的葬礼床。这张床装饰着女神阿穆特（Ammut），这里呈现为河马的头、鳄鱼的躯干和狮子的脚（开罗埃及博物馆）。

第117页图 当卡特进入前厅时，他发现“一个房间里摆满了物品，就像是一个完整的博物馆”。

这个镀金的木椁里还有另外三层，必须小心翼翼地拆卸，才能露出法老的石英岩石棺。1924年2月12日，卡特的团队在狭窄的空间里作业，在灯光的辅助下，他们移除了石棺盖，并看到了保护图坦卡蒙木乃伊的人形棺中的第一层。外面两层是木制的，上面覆盖着金层，而最内层是纯金的，是极有价值的文物珍品。

1925年10月28日，纯金的人形棺被打开，卡尔看到了图坦卡蒙的木乃伊。这位英年早逝的法老的脸上覆盖有一个华丽的黄金面具，这是非常有代表性的表现法老形象的埃及艺术作品。

第118页图 这个镀金木制神龛的4面立有4个护卫女神的雕像，装有图坦卡蒙内脏的卡诺皮克罐就放置在里面（开罗埃及博物馆）。

上图 在宝藏室里，卡特发现了这个放在舆架上的镀金木箱。一尊形似胡狼的阿努比斯神雕像被放置在其顶部（开罗埃及博物馆）。

下图 这只胡狼像被发现时身上裹着一块印有图坦卡蒙出生日期的亚麻布。

11月11日，卡特开始对这具木乃伊进行检查，而木乃伊的保存状况并不良好。许多护身符和珍贵的珠宝从其裹布上被取下。图坦卡蒙重见天日，并引起了学者们的普遍关注。在其被发现的多年之后，这位古代统治者的生平仍受到研究和质疑。1939年，卡特在伦敦去世，他有幸完成了一项永远被人铭记的考古发现。

（乔治·费雷罗）

右图　卡特在前厅发现了这尊图坦卡蒙木雕（开罗埃及博物馆）。

第120—121页图　卡特的团队花了8年的时间才将坟墓里的所有物品移出。

第122页图 卡特花了很长时间才把图坦卡蒙那华丽的金色面具从其脸上取下，因为木乃伊化过程中使用的膏剂将其粘得很牢（开罗埃及博物馆）。

上图 卡特非常仔细地清理了第三个存放着法老尸体的人形棺上的胶状树脂。1925年10月，这位考古学家终于看到了图坦卡蒙的木乃伊。

下图 在移走石棺和第一层人形棺后，里面还有一层木制人形棺，上面装饰着黄金和镶嵌物。其面部特征表明，它最初可能不是为图坦卡蒙而设计的（开罗埃及博物馆）。

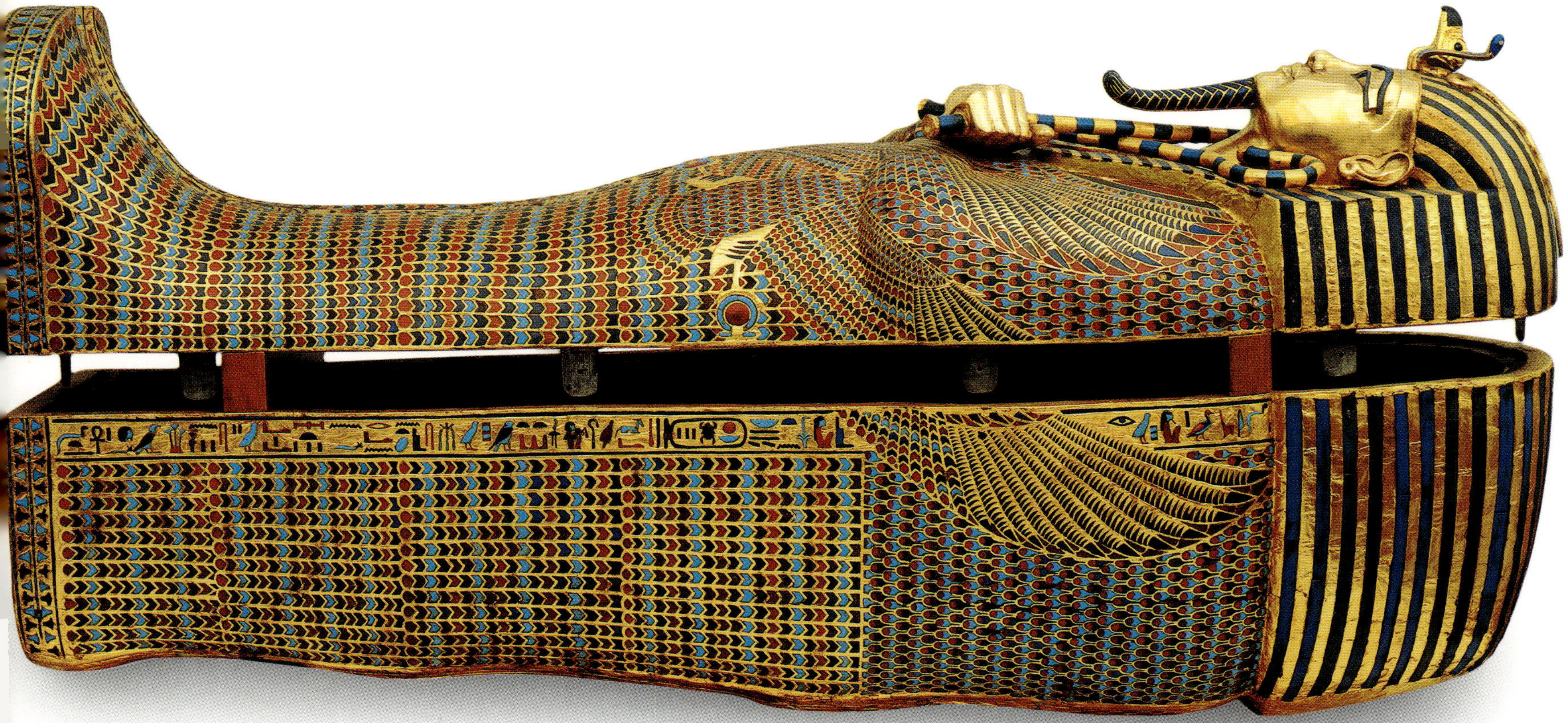

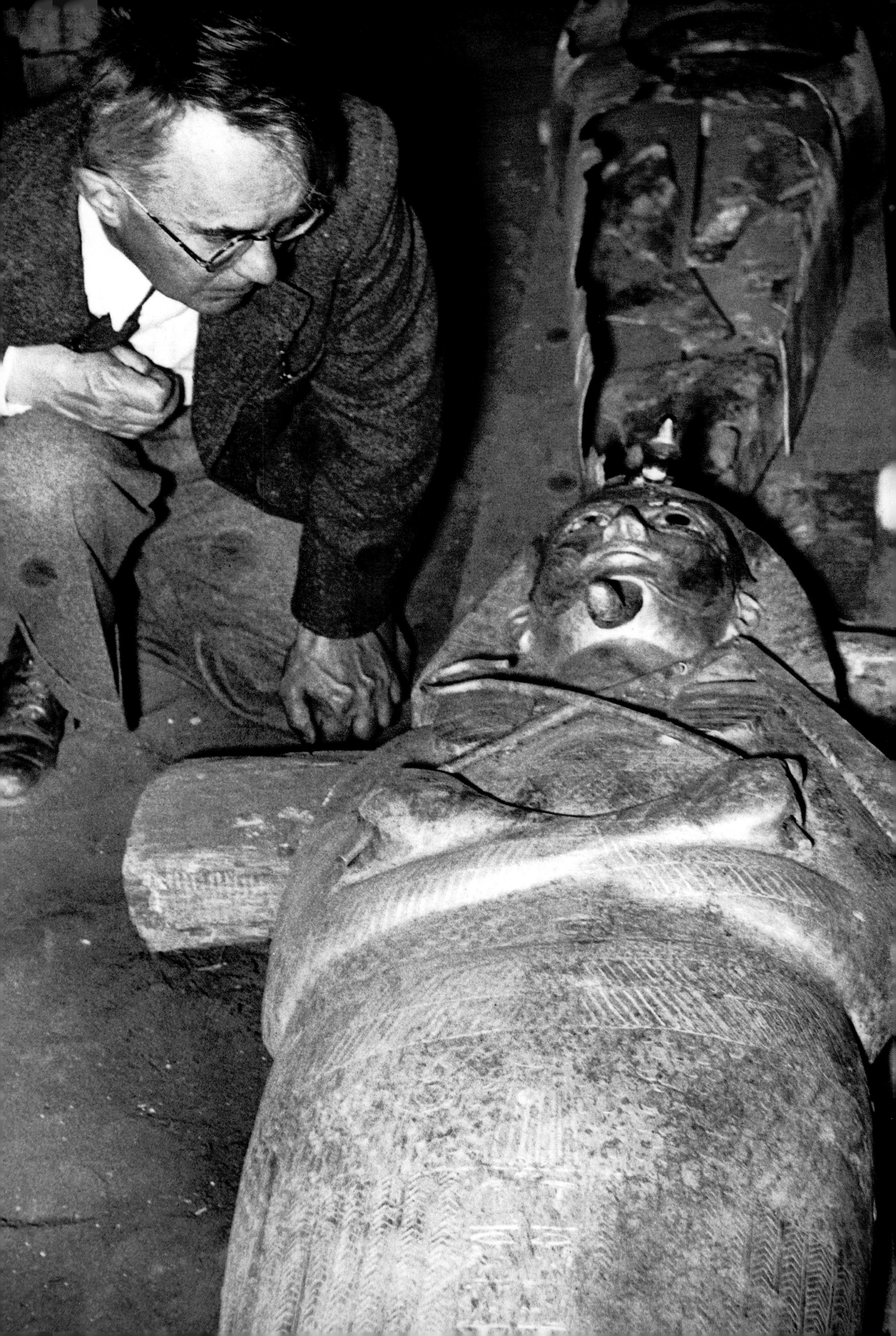

皮埃尔·蒙泰：

塔尼斯王室墓葬

在霍华德·卡特令人难以置信地发现图坦卡蒙的陵墓及其内部宝藏之后，许多埃及古物学家希望自己也能发现国王的陵墓，并找到他们珍贵的墓葬物品。这次幸运女神眷顾的是法国埃及古物学家皮埃尔·蒙泰，他在埃及塔尼斯遗址发掘出属于第二十一和第二十二王朝统治者的王室陵墓。

蒙泰出生于1885年，他在考古领域的工作始于为开罗的法国东方考古学研究所（IFAO）在阿布拉瓦须（Abu Rawash）、阿休和贝尼哈桑（Beni Hasan）进行实地调研。整个20世纪20年代，他在黎巴嫩的比布鲁斯遗址挖掘，发现了这座城市的王室墓葬。1919年至1948年，他在斯特拉斯堡大学（University of Strasbourg）教授埃及古物学，紧接着在1948年至1956年在法兰西学院（College de France）教授该学科。1929年至1940年间，他在塔尼斯指导考古挖掘，地点就在现今位于三角洲西北的桑哈杰尔（San el-Hagar）附近。第二次世界大战爆发后，他被迫暂停发掘工作，直到1946年他才重新开始挖掘，直到1956年。他的考古发掘对重建该定居点的历史发挥了重要作用，这里在公元前9世纪（古埃及的第三中间期）成为法老王国的首都。早在19世纪，奥古斯特·马里耶特（Auguste Mariette）、弗林德斯·皮特里等考古学家就已经造访过这个遗址。他们认定这些遗迹为希克索斯王朝（Hyksos）的首都阿瓦利斯（Avaris），并将一些现场发现的文物搬到了欧洲主要博物馆收为藏品，但真正意义上对其系统性的发掘是在蒙泰的指导下开始的。以发现的所有来自拉美西斯时代的古迹为据，蒙泰认定这个遗址是拉美西斯二世的都城比—拉美西斯（Pi-Ramses），其在《圣经》（出埃及记）中曾被提及。这些古迹实际上是第二十一王朝的统治者和他们的继任者从其他地方中掠夺的，然后被运到了塔尼斯，其目的是建立一个新的三角洲首都，类似“北底比斯”。

在塔尼斯发现了许多圣地，主要的遗址是一个大型寺庙群，供奉的是阿蒙（Amun）神，他唤起了相应的南方卡纳克（Karnak）神庙。这座神庙由苏森尼斯一世（Psusenes I）建立，在第三十王朝和托勒密时期得到了扩建。另外两座神庙与主神殿相连，分别供奉着穆特（Mut）神和孔苏（Khonsu）神，他们是埃及崇拜中最重要的三位一体的组成部分。

1939年2月27日，蒙泰取得了他一生中最伟大的发现：位于阿蒙神庙圣墙内的第二十一和第二十二王朝统治者的王室墓地。他发现的第一座墓葬属于奥索尔孔二世（Osorkon II，第二十二王朝）。尽管它在古代被盗取过，还是出土了一些珍贵的文物，比如塔克劳特一世（Takelot I）的石英岩石棺。同年3月20日，蒙泰发现了第二座墓葬，这座墓是完整的，是苏森尼斯一世（第二十一王朝）的陵墓。用这位考古学家自己的话来说，他在该墓穴中发现了“堪比《一千零一夜》的奇迹”。其中有一具银质棺，具有猎鹰一般的脸部，属于舍松契二世（Sheshonq II），他的木乃伊覆有一个华丽的金色丧葬面具。这具石棺是在埃及国王法鲁克（Faruk）的见证下被打开的，法鲁克特地来到现场参与这项仪式。当蒙泰继续他在塔尼斯墓葬的研究时，第二次世界大战爆发的导火索事件正在欧洲上演，有关这位法国考古学家惊人发现的消息不可避免地被掩盖了。在因战争被迫离开此地之前，蒙泰于1940年2月15日设法进入了这座墓葬的墓室。在里面，他发现了苏森尼斯一世的墓穴：这位国王的遗体被保存在一个红色的花岗岩石棺里，石棺是从第19王朝法老莫尼普塔（Merenptah）那取走的，里面装有另一个由花岗岩制成的人形石棺，最里层是银制的棺。

当他打开最后一个石棺，亲身经历法老华丽的黄金面罩（如今与其余宝藏一同收藏于开罗博物馆）呈现于面前，蒙泰一定和他的同行卡特有着同样的感受。他还在原来为苏森尼斯一世的母亲穆特诺杰美特（Mutnodjmet）女王所准备的墓室里发现了另一位法老阿曼尼摩比（Amenemope，第二十一王朝）的陪葬品。

塔尼斯的宝藏是古埃及非常珍贵的伟大发现，其中有胸饰、

花瓶，还有其他由黄金和宝石制成的珠宝。1946年，战争结束后，蒙泰重新开始对苏森尼斯一世墓的研究。在那里，他在另一间墓室里发现了丰富的陪葬品，这间墓室属于一位名叫温杰鲍恩杰德（Wendjebauendjed）的将军。

在蒙泰于1966年去世后，该遗址的挖掘工作仍在继续，这项工作遂被称为“法国使命之塔尼斯发掘”(Mission Française des Fouilles de Tanis)。该项目先由让·约约特（Jean Yoyotte）负责了20年，之后从1985年至今由菲利普·布里索（Philippe Brissaud）负责。近期，他的研究重心放在了阿蒙的圣地和穆特神庙的圣墙内。实地研究继续提供着有关古塔尼斯建筑结构进一步的信息，有助于深入理解它是如何构成，如何效仿南部城市底比斯，并最终成为典型的下埃及宗教中心。

（乔治·费雷罗）

第124页图 皮埃尔·蒙泰在检查这具苏森尼斯一世的银质棺，里面装有这位法老的木乃伊。

第126页图 蒙泰领导的考古小组在塔尼斯穆特神庙的废墟中发现了一尊巨大的塞赫迈特（Sekhmet）女神雕像，紧挨着法老拉美西斯二世雕像。

上图 这张照片拍摄于20世纪30年代，蒙泰在塔尼斯进行挖掘时，这些散落在地上的巨大石块曾经铺就了通往阿蒙神庙的大道。

第128页及上图 蒙泰在塔尼斯的一个伟大发现是拉美西斯二世的雕像。这尊雕像象征性地拼出了法老的名字：猎鹰之神何露斯（Horus）作为“Ra”，“孩子”意味着“mes”，还有孩子拿着的莎草梗代表“su”，为“Ramsesu”，合起来即代表“拉美西斯”。（开罗埃及博物馆）

下图 当年轻的拉美西斯二世雕像被发现时，猎鹰的喙不见了，但它却出现在遗址的另一个地方。

第130页图 蒙泰正在检查苏森尼斯一世红色人形花岗岩石棺的内部。

第130—131、131页 中图 蒙泰发现这座红色花岗岩石棺最初是为第十九王朝法老莫尼普塔而制作的，但后来被苏森尼斯一世重新使用了（开罗埃及博物馆）。

上图 苏森尼斯一世的4个卡诺皮克罐的封盖上描绘了何露斯的四个孩子。蒙泰在法老的红色花岗岩石棺旁发现了它们（开罗埃及博物馆）。

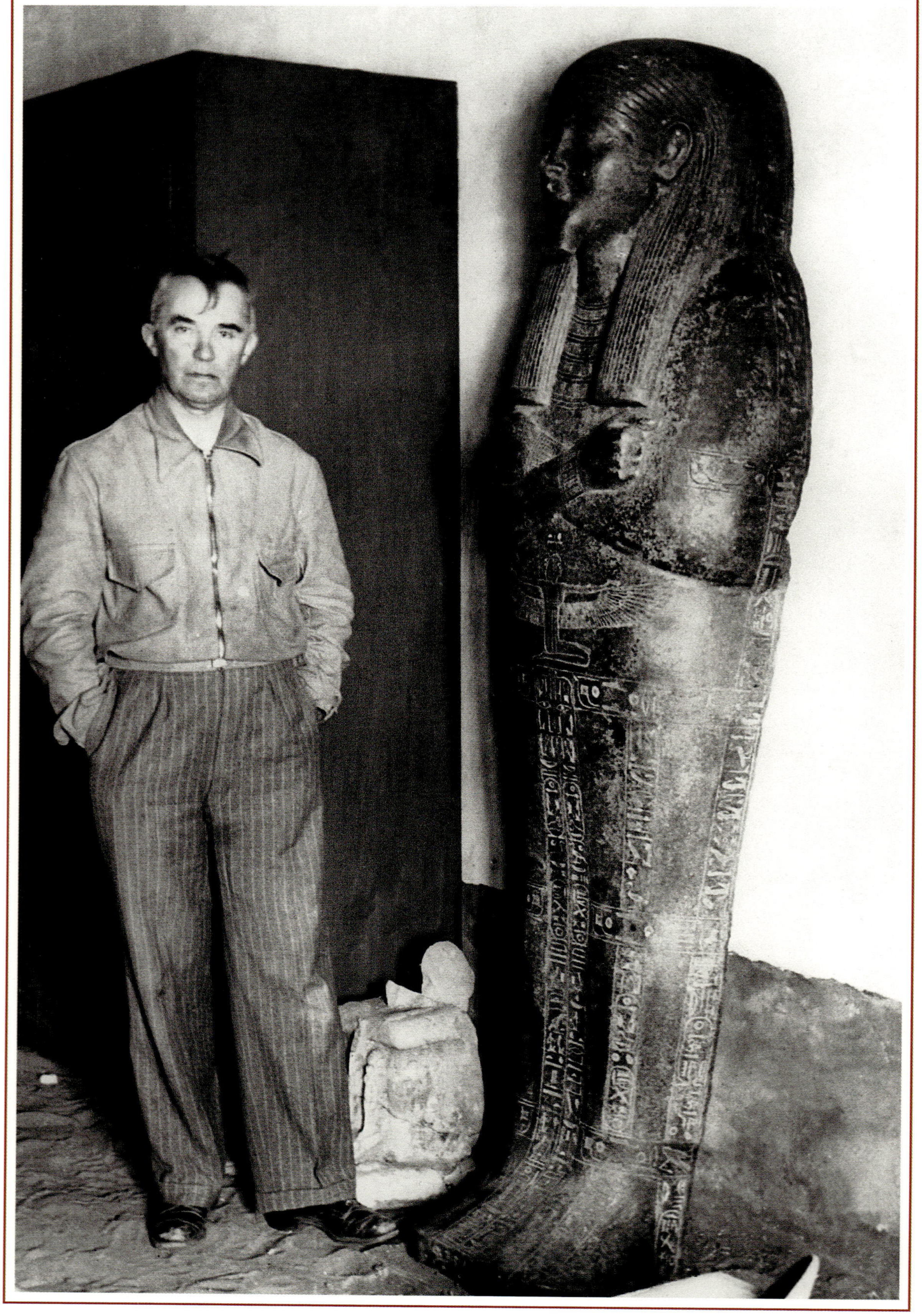

第132页图 1940年，蒙泰站在人形石棺旁拍照。发现这个石棺的墓穴是一年前在塔尼斯阿蒙神庙的圣墙内。

第133页图 苏森尼斯一世最外层的人形石棺也曾属于其他人，它原先的主人可能是一位第十九王朝的官员（开罗埃及博物馆）。

上图 蒙泰于1940年2月15日发现了苏森尼斯一世的陵墓，从中出土了覆盖在木乃伊脸上的华丽的黄金丧葬面具。这一发现在价值上仅次于图坦卡蒙墓，而有关这一发现的消息被当时欧洲的悲剧战争所掩盖（开罗埃及博物馆）。

第135页图 苏森尼斯一世内层的人形棺由银制成，它是蒙泰在塔尼斯发掘出的瑰宝之一。（开罗埃及博物馆）。

阿尔贝托·鲁斯·吕利耶：

与国王帕卡尔面对面

后古典时期的玛雅城邦帕伦克于7世纪繁荣起来，它常年笼罩在海拔3000多米的细雾中，俯瞰着墨西哥湾。大约1300年后，考古学家阿尔贝托·鲁斯·吕利耶开始揭开它的秘密。他出生于法国巴黎，是研究前哥伦布时期的专家，在他父亲的家乡哈瓦那（古巴城市）接受教育，后来成为墨西哥公民。尽管西班牙人在16世纪中期首次发现了这个遗址，但是直到1952年鲁斯发现基尼希·贾纳布·帕卡尔（K'inich Janaab Pakal，即615年到683年间这座城市的统治者"帕卡尔大帝"）陵墓才引起了人们对古玛雅和帕伦克遗址的强烈兴趣。直到今天，人们还在帕伦克进行着有趣的探索。

坐落在一片密密麻麻的雪松、红木和人心果林中的帕伦克很早就建立了，而这个城邦直到被称为"圣洁之主"(kuhul ajaw）的帕卡尔登上王位才开始繁荣昌盛。随着他对城市的大规模建设，特别是建造了一个用以举行仪式的4层"宫殿"，这里的人口、声望和工艺水平开始突飞猛进。那座具有纪念意义的石头宫殿建筑上覆盖着统治者和神灵的灰泥雕刻，内部有庭院和一条流水潺潺的小溪，这个伟大的工程奇迹确保了帕伦克的成功。然而，在此期间，帕伦克有着许多经济和政治上的竞争对手，包括卡拉克穆尔（Calakmul）和托尼那（Toniná）这两个城邦，帕伦克与它们争夺土地、原材料和贸易路线的控制权。据信，帕卡尔之所以开始他激进的建筑运动，是因为很多建筑物在袭击中受损。帕伦克最终在800年左右沦陷，就在帕卡尔死后不久。

鲁斯发现的帕卡尔大帝被安葬在所谓"铭文神庙"(Temple of Inscriptions）的一间隐蔽的房间里。"铭文神庙"是一座8级金字塔，玛雅象形文字，包括迄今为止已知的最长的玛雅象形文字（有617个字），就是在这里发现的。玛雅文字通常被刻在建筑石面上，包括表音和表意文字，为每幅图像赋予一种含义，这些文字可以构成词、句子，甚至是故事。大多数人只能读懂少量象形文字，而只有牧师和包括"圣洁之主"在内的社会高阶官员才能完整地读懂这些文字。

1949年，鲁斯开始调查这座碑庙，希望弄清它是如何建成的。然而，在一小块碎石下，他发现了一块石板和两级台阶，它们似乎继续向下延伸到建筑内部。他的团队共花了3个挖掘季才完成另外400吨碎石的清理；工人们不知疲倦地一桶一桶地把碎石运到地面，只有在小有收获时（诸如发现陶器和人类骨骼）才会休息，这些小型发现物可能来自献祭的牺牲者。

1952年6月，鲁斯将手电筒照进了一间黑暗的房间，距离其团队开始挖掘的地方大约22米。就在这间狭窄的、有着石灰岩墙壁的拱顶房间内，发现了一个装饰华丽的石棺。石棺盖重达5吨，只能用汽车千斤顶把它抬起来，里面装有帕卡尔的骨骼残骸。那真是不可思议的景象——雕像、灰泥浮雕、描绘统治者在其死后变成圣灵的象形文字，还有玛雅神话中的场景。正如鲁斯后来回忆的：

"从朦胧的黑暗中呈现出一个童话般的景象，一个来自另一个世界的梦幻般的、空灵的景象。这个空间看起来像是一个巨大的、由冰雕刻而成的魔法洞穴，墙壁像雪水晶一样闪闪发光。精美的钟乳石像窗帘的流苏一样挂着，地板上的石笋像一根大蜡烛上滴下来的蜡滴。实际上，这里给人的印象像一座废弃小教堂。墙壁布满灰泥浅浮雕像。接着我的目光转向地板，这几乎完全是一个巨大的雕刻石板，完好无损。"

但也许最能吸引全世界注意的是帕卡尔精致的玉石丧葬面具，其雕刻水平精湛，展现出了他的高颧骨、突出的鼻子和弯弯的嘴唇。那用贝壳、珍珠母贝和黑曜石镶嵌而成的眼睛睁得大大的，定格成一个神秘的眼神，是一件真正的古代艺术杰作。他的耳朵上装饰着方形玉塞和突起的条状物；他的胸前挂着十几串串珠项链。每一个细节都能体现出玛雅权贵对外观的用心和注重。

第136页图　当帕卡尔遗体被发现时，这个罕见的玉质丧葬面具正覆盖着他的脸。图上描绘的是这位帕伦克统治者，他于12岁时在这座城市遭到袭击而被破坏时登上王位。国家在他的领导下蓬勃发展，从615年到683年，他进行了大规模的重建运动，创建了他的伟大遗产（墨西哥城国家人类学博物馆）。

左图　在帕伦克发现的这个灰泥面具可能是这位伟大统治者的肖像（墨西哥城国家人类学博物馆）。

第139页图　帕卡尔那精心装饰的石灰石棺盖是在一间有拱顶的房间里发现的。它描绘了国王在去世的那一刻落入了玛雅的地下世界，他将作为一个祖先神重生。

然而，这个遗址的秘密还在一点点被揭开。近期由前哥伦布艺术研究所（PARI）和墨西哥国家人类学和历史研究所（INAH）合作的帕伦克项目的发掘工作又有了非凡的发现，包括一个高3米多描绘帕伦克另一位统治者基尼希·阿库尔·阿纳布三世（K’inich Ahkal Mo’Nahb’III）和他臣民的石灰岩碑，在附近一神庙遗迹出土的一个饰以200多个象形文字的王座（不能确定），以及一座陵墓，内含迄今为止在该遗址发现的第一批彩绘壁画。

（埃蒂·博恩-穆勒）

第140、141页图 阿尔贝托·鲁斯·吕利耶正在检查他发掘出的帕卡尔灰泥头像。它的发型就像玉米穗，让人想起玛雅的玉米神。这位著名的考古学家希望自己死后埋葬于此，而他的坟墓在这个遗址入口处的附近，就在铭文神庙的前面（墨西哥城国家人类学博物馆）。

第142—143页图 帕卡尔的坟墓是在铭文神庙的深处发现的，神庙是专门为他的陵墓设计的。这座庙宇69级台阶的每一级代表着国王统治的一年。

马诺利斯·安德罗尼柯：

马其顿人的陵墓

1977年11月，希腊考古学家马诺利斯·安德罗尼柯开始对韦尔吉纳的一座巨大土丘古墓展开挖掘，它大约13米高，110米宽，位于希腊北部塞萨洛尼基（Thessaloniki）附近，是马其顿王国的古都埃加伊（Aigai）。当挖掘到它的腹部时，安德罗尼柯发现了一些墓碑的碎片。再往下挖，他就开始发现一些可追溯至公元前4世纪的奢华古墓，里面装满了由金、银、铜和象牙制成的令人难以置信的工艺品。后来的发掘总共发现了10座王室墓葬，其中大部分都是被劫掠过的。

唯一一座完好无损的墓葬的入口高为9.5米，宽为5.5米，好似一座多利克（Doric）神庙，它被一扇大理石门封闭。在上面，有一幅描绘狩猎场景的画作。墓中有一个大理石石棺，石棺里有一个金色的灵柩，里面装着一名男性火化后的骨灰、骨头和王冠，他的年龄在35岁至55岁之间。棺盖上带有所谓的“吉纳太阳”（Vergina Sun），这个光芒四射的标记在图像学上与古老的马其顿王室有关。墓室里还存有武器和盔甲。

根据这些惊人的发现，安德罗尼柯坚信他找到了马其顿国王腓力二世（Philip II）最后的安息之地。腓力二世是一位成功的军事领袖，生于公元前382年，他在公元前336年，女儿的婚礼上被暗杀，享年46岁。腓力二世征服了希腊的大部分地区，平息了马其顿的政治动乱，展现了他的军事实力，以此，他为他的儿子亚历山大大帝开始从希腊到中东再到印度的大规模军事行动铺平了道路。墓中的两个象牙头像被解读为是这对著名父子的肖像。

在那个相对较小的墓室里，有一具女性的遗骸和一顶王室冠冕，也被安置在一个类似的、但更小的金色灵柩中。安德罗尼柯认为，这个墓穴属于克莱奥帕特拉，她是腓力二世的第七或第八任妻子，在她丈夫死后不久就去世了。

然而，今天，许多学者对这种解读提出了质疑。最近的研究表明，在该墓穴出土的文物实际上也许可以追溯到公元前317年，国王死后将近20年。此外，经过颅骨复原，尽管在那具火化的男性骸骨右眼上发现了一道伤口（据史书记载，腓力二世在战争中右颊受伤，被迫挖掉右眼），但学者们认为，像这样一个勇士，所受的伤会更多，而这些伤并没有出现在遗骸上。因此，有人认为火化的男性是腓力三世阿里达乌斯（Philip III Arrhidaeus），亚历山大不太为人所知的同父异母兄弟。

虽然阿里达乌斯在亚历山大死后登上了王位，但他并不是一个能干的统治者，而是一个软弱无力的傀儡。2世纪的希腊历史学家普卢塔赫（Plutarch）写道，亚历山大的母亲奥林匹娅丝（Olympias）意识到阿里达乌斯的心智有缺陷，试图在他还小的时候毒死他，以消灭亚历山大潜在的王位竞争对手。20世纪90年代获取的补充的法医资料显示这个人的骨头没有外伤，进一步证实了这一说法。然而，火化已经摧毁了确认身份所需的关键证据，因此埋葬在这里的这个人的身份仍然是个谜。

“在今后的许多年里，有关这些发现的阐释肯定会引发学者们的讨论”，安德罗尼柯后来在《古马其顿宝藏》（*Treasures of Ancient Macedonia*）中写道，那是塞萨洛尼基考古博物馆（the Museum of Thessaloniki）出版的一本展览图录，这些出土物文物在那里展出。这位有幸获得这一发现的考古学家坦言自己发出了首声，但绝非是这个课题最后一个发声的人。

（埃蒂·博恩-穆勒）

第144页图 塞萨洛尼基亚里士多德大学（Aristotle University of Thessaloniki）的教授马诺利斯·安德罗尼柯因在韦尔吉纳发现了马其顿王陵而获得希腊最高荣誉凤凰大十字架勋章。

第146页 上图 腓力二世的坟墓里有一些非常吸引人的物品，比如盔甲，还未被盗墓者盗走。在覆盖着它的大土堆中发现了5块墓碑的碎片，其中一块上面绘有一名战士。

第146页 下图 陵墓的正面有三角门楣和柱间壁，看起来像一座多立克神庙。其入口尺寸为9.5米×5.5米，以一扇大理石门令人印象深刻。

第146—147页图 这个由镀金白银制成的箭筒，内部用皮革衬里，外部装饰有浮雕场景，描绘了一场最终洗劫了一座城镇的军事行动（塞萨洛尼基考古博物馆）。

第148页上图 这个金花环是在金棺（下图）内部发现的，是献给埋葬在这里的这位尊贵之人的荣誉。花环也常用于宗教仪式中。这个令人印象深刻的金花环重714克，饰有68颗橡子和313片橡树叶，橡树叶是宙斯（Zeus）的圣物（塞萨洛尼基考古博物馆）。

第148页 下图 这件高3厘米的金色饰物是一件衣服上原有的几件饰物之一，它描绘的是蛇发女怪美杜莎（Medusa）的头部，蛇发女怪的凝视就能把人变成石头（塞萨洛尼基考古博物馆）。

第148—149页图 一位男性（可能是腓力二世）的火化遗骸，连同第148页展示的华丽金花环，被放置在了这具金棺或者说骨灰盒中。它有4只狮子脚，饰有马其顿王室的象征16芒太阳，以及玫瑰花结和花卉图案（塞萨洛尼基考古博物馆）。

第150页图 这个金碧辉煌的铠甲，或称胸甲，由铁制成，饰以狮头等黄金饰物（塞萨洛尼基考古博物馆）。

上图 这个用象牙雕刻而成的迷你人像仅有3厘米。有些人认为这个蓄胡须的形象可能是腓力二世（塞萨洛尼基考古博物馆）。

维克托·萨里安尼迪：

阿富汗人的宝藏

有时，考古研究会和现代历史事件有着千丝万缕的联系，从而影响了一项发现的命运。地利亚·泰贝的宝藏就是如此，它的历史与现代阿富汗的悲惨事件紧密相连。1969年，当苏联考古学家、青铜时代领域专家维克托·萨里安尼迪开始对巴克特里亚—马尔吉亚那（Bactria-Margiana）地区展开发掘时，是想增加对其城市文明的了解。当时他正在阿富汗北部的希比尔甘（Shibergan）绿洲附近考古作业，那里靠近阿姆河（Amu Darya River）河道，这条河在古代资料中为奥克苏斯河（Oxus River），离乌兹别克斯坦边境只有几千米。在发掘季末期，由萨里安尼迪指挥的苏联-阿富汗团队正在一座被称为地利亚·泰贝（意为“黄金之丘”）的小山上展开挖掘。

1978年11月13日，考古学家们发现了一个含有大量黄金的坟墓。随着发掘季迫近尾声，考古学家们纷纷奔赴该地区进行考察。他们在山坡上发现了6座同时期的墓葬并找到了两万余件精美的黄金制品。第7个墓葬的位置也被确定，但它又被覆盖起来，等着下一季再继续发掘。萨里安尼迪的发现产生了意想不到的结果。地利亚·泰贝墓葬揭开了中亚历史上的一段黑暗篇章（公元前1世纪至1世纪），当时希腊化时期的希腊-巴克特里亚（Greco-Bactrian）王国，即亚历山大大帝所征服疆域的延续，被游牧民族征服。其中就有中国的月氏，他们在接下来的几个世纪里建立了贵霜帝国（1—3世纪）。

在地利亚·泰贝发现的6座墓葬属于其中一个游牧部落的权贵，他们在基督教时代开启时在阿富汗北部建立了自己的国家。这6座简易的长方形墓葬里有几具用布裹着的木制棺材。其中有5具装着地位较高的女性，而只有1具是一名战士的。除了战士的武器（弓、剑、匕首、鞘）外，坟墓里还有丰富的珠宝和装饰品，包括：王冠、吊坠、耳饰、胸针、项链、手镯、脚镯和戒指。这些工艺品展现了游牧民族高水平的金属工艺。从风格的角度来看，这些工艺品显示出来自多方面的影响，它们兼收并蓄的风格反映了与该地区不同文化区域的接触，例如中国，印度以及希腊化的世界。地利亚·泰贝的宝藏中，雅典娜（Athena）女神的雕像出现在大草原典型的动物主题旁，希腊士兵像与一辆由龙牵引的中式马车模型放在了一起。其中3名女性的陪葬品都有产自中国的镜子，而其中有一人头戴什叶派头巾。基于在墓葬中发现了帕提亚（Parthian）硬币以及提比略（Tiberius）统治时期的一枚罗马硬币，这座墓地的历史可追溯至1世纪。

在所有文物都清点完毕后，萨里安尼迪封锁了这个地区，希望第二年能回到那里继续工作。然而苏联军队在1979年入侵了阿富汗，战争就此打响，这对这个国家来说是既漫长又痛苦的历史，而且阻碍了进一步挖掘工作的开展。地利亚·泰贝宝藏中的文物被装在了板条箱里，运送至喀布尔交给当地的国家博物馆保管。萨里安尼迪有25年都没有再见到它们。与苏联的战争之后，阿富汗爆发了更为悲惨的内战，战争一直持续到塔利班上台。这段时期，任何与地利亚·泰贝宝藏有关的痕迹都消失殆尽，以至于国际社会认为它可能永远消失在盗窃、袭击或爆炸中。然而这些宝藏于2003年塔利班政权倒台后重新浮出了水面。

它们在喀布尔国家博物馆的工作人员的照管下，被秘密转移到阿富汗中央银行的保险库里。

在萨里安尼迪面前，箱子被重新打开，里面的文物经检查后被确认几乎完好无损。一个被战争悲惨撕裂的国家的历史记忆和宝贵世界遗产就这样被几位喀布尔博物馆工作人员勇敢而自发的行为挽救了。

自2006年起，有关地利亚·泰贝宝藏的文物首次在阿富汗境外展出，在欧洲和美国的几座城市进行了巡回展览。

（乔治·费雷罗）

第152页图 维克托·萨里安尼迪在地利亚·泰贝二号墓一名女性的陪葬品中发现了这枚由黄金和宝石制成的垂饰。它连同配件一起构成了死者头部的装饰品（喀布尔国家博物馆）。

第154、155页图 1978年，由萨里安尼迪指导的苏联-阿富汗考古团队发现了6座墓葬以及其极为丰富的陪葬品，总计超过2万件。

بارالژین

上图、157页 下图 萨里安尼迪在地利亚·泰贝的二号墓中发现了这些黄金和绿松石珠子。它们垂在死者衣服的领口下方组成一条项链。这座墓葬是在该遗址发现的3座女性墓葬之一（喀布尔国家博物馆）。

第157页 上图 埋葬在地利亚·泰贝四号墓的墓主人穿着装饰华丽的鞋子，他的鞋子上有两个如图所示的扣子，其中心由黄金和绿松石制成，描绘的是一个男人驾驶着一辆由两只有翼猫科动物拉着的战车（喀布尔国家博物馆）。

第158—159页图 萨里安尼迪在地利亚·泰贝的六号墓中发现了这个金制绿松石搭扣，以及另一个类似的搭扣，它们是对称的。这个卡扣将墓葬里这位年轻女人的衣服扣在一起。搭扣上描绘的是一个有关酒神的场景：酒神狄俄尼索斯（Dionysus）和阿里亚德妮（Ariadne）正骑着一个怪物，毛发浓密的森林之神西勒诺斯（Silenus）从他们那里得到了一杯酒，而一只有着翅膀的胜利女神奈基（Nike）在他们的头上举着一个花环（喀布尔国家博物馆）。

第160—161页图 埋葬在地利亚·泰贝六号墓的这位年轻妇女头上戴着这顶昂贵而繁复的金冠，装饰着覆盖有花结的树木（喀布尔国家博物馆）。

上图 这对手镯是地利亚·泰贝二号墓中一位女性的陪葬品。它们由黄金、绿松石和珊瑚制成，开口两端都做成了羚羊头的样子（喀布尔国家博物馆）。

瓦尔特·阿尔瓦：

西潘王陵

1987年2月的一个晚上，坐落于秘鲁北部兰巴耶克的布吕宁博物馆（Museum of Brüning）的馆长被当地警察的一个来电吵醒了。他们想邀请他来看一些刚刚被盗墓者抢劫的考古发现。这群盗墓者在兰巴耶克山谷上位于西潘（Sipán）村附近被称为“瓦卡·拉贾达”（Huaca Rajada）的两座泥砖金字塔的废墟上进行抢劫之后，因内讧而被拘捕。瓦尔特·阿尔瓦可能还未意识到这通电话会改变他的生活，他将迎来安第斯山脉最大的考古发现。一个镶嵌着青金石的金灿灿的头像吸引了阿尔瓦的注意，他马上辨别出这件物品属于1世纪到7世纪间沿着秘鲁北部干燥沿海地区发展的莫切文化，而且应该是权贵阶层之物。

莫切文化主要以农业为基础，他们所建的复杂灌溉系统使之成为可能。这个文化以其精致的陶器而闻名，且陶器表面那些具有艺术性的装饰画为了解古老安第斯文明的宗教信仰、神话、神学和社会组织提供了一个窗口。莫切人建造了巨大的砖砌金字塔纪念碑，作为王室、权贵的陵墓。他们也非常擅长金属加工，锻造了许多华丽的珠宝和权力的标志。认识到这一发现的重要性后，阿尔瓦决定立即前往现场进行考古发掘。他这样做也是为了防止更多的非法掠夺，这种掠夺在有关这一发现的消息一传开就开始了。考古学家们组成了一个团队，克服了因资金匮乏和盗墓者的存在而造成的困难之后，便在瓦卡·拉贾达区域靠近金字塔的一个泥砖平台周围开始挖掘工作。

经过4个月的挖掘作业，阿尔瓦的团队发现了一位莫切统治者的墓室，这是同类墓室中发现的第一座完整的墓室。这名被称为“西潘王”的统治者在45岁至55岁之间去世。他的木乃伊被置于木棺中，其丰富的陪葬品包括由金、银和镀金铜制成的装饰品和珠宝，上面有天青石和贝壳镶嵌。陪葬品中有一顶与月亮崇拜有关的王冠和一把权杖刀。另外有8个陪葬者（仆人、妾和武士）和一些动物（羊驼和狗）被葬在这具尸体旁。墓室墙上的壁龛里容纳着数百只陶瓷花瓶，上面有囚犯和武士的模型，用作盛放供品。

当他们完成了对“西潘王”墓室的探索，并收集了所有易碎物品后，阿尔瓦的团队来到了泥砖平台上。在那里他们又挖出了一座墓葬，是属于祭司的，和前一发现属于同一时代，而且保存完好。祭司墓也出土了很有价值的工艺品和装饰品。当考古学家们探索这座建筑历史最悠久的下层时，他们发现了第三座墓，这座墓属于另一位高层人物，可能是更早时期的统治者。这位“老西潘王”的木乃伊也被安葬在一具木棺材里，周围有大量的陪葬品，包括一个丧葬面具和各种项链和胸饰，还有一些描绘莫切万神殿神灵的镀金铜片。这座墓中另外还有一名年轻女子和一只美洲驼陪葬。

除了让我们能够首次直接见识到莫切文明的丧葬习俗和信仰外，阿尔瓦的发现还提供了有关莫切文化社会组织、等级演进、宗教和权力系统的宝贵信息。

瓦卡·拉贾达考古遗址的挖掘工作至今仍在继续，多年来还发现了其他属于不同阶层的墓葬，进一步地提供了有关莫切社会的信息。西潘王陵博物馆于2002年落成，阿尔瓦任馆长。博物馆的目标是保存这些探索的成果，促进有关秘鲁地区的文化和历史研究。2007年，阿尔瓦在离西潘不远的本塔伦神庙（Ventarron Temple）挖掘时发现了一处洞穴壁画。它可以追溯到公元前2000年左右，且可能是美洲此类考古遗迹中最为古老的。

（乔治·费雷罗）

第162页图 瓦尔特·阿尔瓦正在检查一根莫切铜权杖，这是第一次在西潘王陵墓周围展开挖掘时发现的。这位秘鲁考古学家对瓦卡·拉贾达的三座莫切金字塔进行了长达20年的研究。2002年，研究取得了重大成果，在阿尔瓦的指导下，西潘王陵博物馆落成。

第164—165页图 这个金色的耳饰是阿尔瓦和他的团队在打开装有西潘王遗骸的棺材时看到的第一件物品。耳饰的中心是一位手持权杖和盾牌的莫切统治者，他戴着一个新月形的头饰，鼻子上也有装饰。他的两侧有两名由绿松石制成的武士（兰巴耶克西潘王陵博物馆）。

第166页 上图 除了西潘王，阿尔瓦还发现了其他8具埋藏在木棺周围的尸骨。

第166页 下图 西潘王下葬时佩戴着这些黄金和绿松石打造的圆形耳环，上面有鸟的图案（兰巴耶克西潘王陵博物馆）。

上图 在阿尔瓦的发掘过程中，装饰着西潘王遗体的许多珠宝从残骸中取出来。

下图 西潘王戴着的这条项链上面有20颗花生形状的珠子，其中有一半是金的，一半是银的（兰巴耶克西潘王陵博物馆）。

第168—169页图 在西潘王墓中发现的最有代表性的权力象征是一把金和银制的权杖刀。其黄金手柄的上半部分（形状像倒金字塔）装饰着描绘战争场面的浮雕：一名莫切战士抓住了一个囚犯的头发（兰巴耶克西潘王陵博物馆）。

上图 瓦尔特·阿尔瓦在老西潘王的遗骸上发现了这个铜饰品。它描绘了一只具有人类特征的猫科动物，可能是一位古老的莫切神。它的牙齿是贝壳做的，额头上有两条蛇（兰巴耶克西潘王陵博物馆）。

第170页图 保罗·马蒂埃的团队在1975年发现了埃卜拉王室档案。它包含了17,000多块泥板，成为研究古代近东地区非常有价值的资料。（阿勒颇国家博物馆）

第172—173页图 这个以浮雕装饰的祭祀盆是在埃卜拉的神庙N中发现的，它是献给太阳神沙玛什（Shamash）的。（阿勒颇国家博物馆）

保罗·马蒂埃：

埃卜拉与其黏土帝国

“埃卜拉”是叙利亚沙漠中的一座古城，学者们之所以知道它，是因为它出现在美索不达米亚的各种楔形文字碑文中，并在卡纳克图特摩斯三世的年鉴中被提及，但它的废墟还未找到。20世纪50年代，在阿勒颇以南约55千米处的马尔迪赫丘（Tell Mardikh）附近，偶然发现一个用浮雕装饰的玄武岩水盆，为着手搜寻这座城市提供了依据。1964年，在意大利考古学家保罗·马蒂埃的指导下，罗马大学（Sapienza University of Rome）担负起马尔迪赫丘的挖掘工作，这个项目至今仍在进行。

居住区的主要建筑在首轮考古发掘中被发现。这座城市占地约0.6平方千米，且其最重要的公共建筑、宫殿和寺庙都建在中心高地上，即卫城。下城区有商店和私人住宅，在其平地上围绕卫城向四周延伸。高大坚固的城墙有四个入口，守卫着居住中心。1968年，在一尊描绘伊彼特·利姆（Ibbit-Lim）国王的玄武岩雕像上发现了阿卡德语（Akkadian）铭文，证实了考古学家正在挖掘的确实是古埃卜拉遗址。然而，直到1975年，马蒂埃的团队取得了特别的发现，埃卜拉遗址才引起了国际媒体的关注，在卫城的宫殿废墟中发现了上万块刻有文字的泥板，构成了这个古王国的王室档案。尽管这些泥板文书可能曾经被排列在木制的架子上，或者收纳在陶器里，但它们被发现时像被遗弃般堆放在一起。它们提供了大量有关这座城市以及与其有着密切联系的古代西亚地区的宝贵信息。这些泥板以楔形文字书写，用的是埃卜拉语（Eblaite），这是一种闪米特（Semitic）语，在此之前还不为人所知，后来被罗马大学的乔瓦尼·佩蒂纳托（Giovanni Pettinato）破译。泥板上的内容大多是与经济和行政相关的，并揭示了公元前3000年中叶，埃卜拉与其周边地区形成了紧密贸易网络，并处于贸易中心地带。

来自安纳托利亚、伊朗高原、印度、埃及和红海的原材料都经过这座城市。除了贸易，当地人的生计主要依靠农业、畜牧业（羊）和手工业（纺织品和金属加工）。城市有一位统治者，在助手的协助下管理公共行政。在公元前2350年前后，处于其最大规模扩张时期（原始叙利亚时代）的埃卜拉控制了叙利亚的大片土地，管理着几个诸侯国，并与邻国建立了外交关系网络。在公元前2300年左右，被阿卡德的萨尔贡王（Sargon of Akkad）征服后，这座城市在公元前2000年初（古叙利亚时代）进入了一个新的发展阶段。随后它便开始衰落，直到公元前1600年左右被赫梯（Hittite）军队彻底摧毁。

在40多年的考古发掘中，意大利考古队除了发现了这些楔形文字泥板文书外，还收获了许多其他有价值的文物。它们包括精美的王室雕像、王子墓里的黄金珠宝、埃及风格的象牙雕刻、祭坛和祭祀盆，还有可以追溯至古王国（Old Kingdom）和第二中间期的埃及物品。对埃卜拉的探索有助于追溯其城市文明的历史，以及这个文明是如何在大河文明的传统领土（埃及、美索不达米亚）之外发展起来的。它也为研究和理解青铜时代古代西亚地区政治实体之间的动态和关系提供了参考资料。

（乔治·费雷罗）

让-伊夫·昂珀勒尔：

沉在水底的亚历山大宝藏

埃及的亚历山大城是古代世界重要的大都市之一，在希腊罗马时代，它是地中海的主要文化中心和商业中心，同时它也是亚洲和远东、非洲和地中海之间的连接点。亚历山大大帝于公元前331年建立了这座城市。作为托勒密王朝时期埃及的首都，亚历山大城以其文化机构（博物馆和图书馆）和其海岸不远处法罗斯（Pharos）岛上著名的亚历山大灯塔而享有盛誉。灯塔是托勒密二世建造的，是古代世界七大奇迹之一。今天，亚历山大是一个现代化的城市，几个世纪以来所建造的建筑掩埋了这座古城及其历史遗迹，但是大海保存了这座城市的一些古代宝藏。亚历山大城从4世纪开始经历了一系列灾难性的自然事件（地震和海啸），这座城市沉到了海平面以下，带走了他们辉煌的历史古迹。至少自拿破仑时代，认为海洋保存了亚历山大城及其古迹的这种观点就广为流传，但除了20世纪60年代的一些肤浅研究外，这一假说从未得到过充分的验证。

1994年，埃及当局者委托亚历山大研究中心（Center for Alexandrian Studies）执行水下考古打捞任务，由法国埃及考古学家让-伊夫·昂珀勒尔指导进行。昂珀勒尔的团队设想能在卡特巴城堡（Qaitbay）马穆鲁克（Mameluke）要塞附近的水域中找到灯塔的残骸，在那里放置水泥块形成防波堤。昂珀勒尔团队的水下考古学家们开始潜入水中，对散布在海底的大量古代石块遗迹进行分类和研究。他们借助了诸如GPS和电脑绘图等现代仪器以重建建筑物的位置和结构。考古学家们发现了柱子和雕像的碎片，各种各样的狮身人面像，以及一些方尖碑，其中一些的尺寸十分惊人。这些物品在1995年从水中打捞上来，现在正在罗马剧院附近的一个露天博物馆展出。在这些被找回的文物中，有一个法老塞提一世（Seti I，第十九王朝）的方尖碑和一个属于萨姆提克二世（Psamtik II，第二十六王朝）壮丽的方解石狮身人面像。一尊描绘早期托勒密统治者（也许是托勒密二世）的巨大雕像从海底被打捞上来时，已成两半，安放在亚历山大新图书馆前。据昂珀勒尔团队称，在海底的许多石块中发现了灯塔结构的一些建筑元素，其中一些重达70吨。

亚历山大研究中心并不是近年来唯一关注亚历山大沿岸水下探索的机构。来自法国的前金融顾问弗朗克·戈迪奥（Frank Goddio）全身心地投入到水下考古中，他和他的水下研究协会于1996年开始探索该港口的一些区域。他确定了现已被淹没的安蒂霍多斯岛（Antirhodos），古代港口建筑就矗立在那里。它曾是这座城市王室区和克莱奥帕特拉宫殿的所在地。通过水下考古学家们的作业，许多文物从水下被救起：雕像碎片，方尖碑，狮身人面像，还有那些来自法老、托勒密和罗马时代的文字遗存，它们提供了有关这座城市历史的新线索，并帮助绘制出马格努斯港（Portus Magnus）沉没前的详尽地图。戈迪奥的水下考古还扩展到了阿布基尔（Aboukir）海湾，在那里，他的团队设法找到了“尼罗河战役”中被纳尔逊（Nelson）歼灭的法国舰队的残骸，并定位到几个世纪以来深处海底的城市废墟，包括克诺帕斯（Canopus）、伊拉克里翁（Heraklion）和梅诺蒂斯（Menouthis），同时也发现了一些沉没的珍宝。

（乔治·费雷罗）

第174页图 这尊托勒密二世巨像的花岗岩头部沉在亚历山大港的海底。

第176—177页图 昂珀勒尔团队的一名潜水员正游向一个带有拉美西斯二世装饰风格的狮身人面像。

第178—179、179页图 潜水员准备用缆绳来搬运这尊巨大的托勒密二世雕像，这座雕像可能曾经装点过亚历山大港著名的灯塔。

mares

扎西·哈瓦斯：

黄金木乃伊谷

“我需要沙子和尘土，就像其他人需要水和食物一样。考古学是我的生命，我的爱，我的激情所在。”埃及最高文物委员会主席扎西·哈瓦斯说道。哈瓦斯凭借一己之力将埃及考古学带进21世纪，许多人熟悉的是在电视中出现的他，但他也是一位严谨的学者，一位研究吉萨高原的权威，以及包括《沉默图像：埃及法老时期的女性》(*Silent Images: Women in Pharaonic Egypt*)、《遗失的底比斯古墓》(*The Lost Tombs of Thebes*)、《黄金木乃伊谷》(*The Valley of the Golden Mummies*)等多部著作的作者。

1996年，哈瓦斯在吉萨金字塔以西约380千米的巴哈利亚绿洲发现了“黄金木乃伊谷”，这是哈瓦斯首批向公众披露的考古项目。这是由多个墓穴构成的墓葬群，哈瓦斯认为其可能容纳了多达上万具木乃伊。墓地的历史可追溯到公元前4世纪末至4世纪。然而，在其被发现之时，巴哈利亚古物部门并没有足够的资金，也缺少训练有素的挖掘人员和文物保护人员，因此进一步的考察行动被推迟到了1999年。

根据具体情况，推迟挖掘工作是必要的。这也表明了哈瓦斯在过去20年中所倡导的改变。在未来，他表示，还要实施现场管理政策，将外国机构的新发掘工作限制在最需要工作的地区，在全国建造更多的博物馆，加强对保安和考古学家的培训，教育公众认识古老遗产的重要性，以及在全球范围内追查被盗的埃及文物。

“我很有天赋。我能够与人们交谈，并把古埃及带进他们的家园，让古埃及走进他们的内心。通过向人们展示埃及的魅力和神秘，旅游业已经得到了发展，且这对埃及的经济至关重要。”换言之，哈瓦斯能够把故事讲好。这个探索黄金木乃伊谷的故事就是一个很好的例子：有一天，巴哈利亚一名站点警卫的驴四处溜达了半天，在穿过沙漠约1千米后，它突然停了下来。这名警卫的一位同事过去并把它牵了过来，但这头驴却不肯回家。它只会回到那个位置——一个通往墓葬的入口。

通过切割砂岩建造的巴哈利亚地下墓穴，有一个前厅，后面有一个或多个带有存放木乃伊的壁龛或平台的房间。随后的调查研究和发掘工作从1999年开始，共发现了大约253具保存完好的男性、女性和儿童木乃伊。其中的很多木乃伊都戴着精心制作的亚麻布或莎草纸浆面具（Cartonnage）和彩绘镀金胸板。这些壮观的“黄金”木乃伊是来自巴哈利亚繁荣的希腊罗马时期的上流社会人士，那时的巴哈利亚是一个主要的葡萄酒产区。这座墓葬群可能始于公元前323年左右，在此之前，附近修建了一座亚历山大神庙。

这些木乃伊结合了古典和埃及传统，戴着像肖像一样的面具，但是上面装饰着传统的图案：审判大厅（死者的灵魂被评估的地方）；玛亚，真理女神；阿努比斯，防腐和墓地之神；以及看守死者的何露斯的四个儿子。在墓穴中发现的文物包括举起双手的服丧妇女雕像、耳饰和手镯、食物托盘和酒壶、硬币，以及用以盛放供死者在来世使用的眼影粉和药膏的玻璃器皿。

巴哈利亚后期的工作重点是文物保护和遗址管理。他们对留在原地的木乃伊进行了处理，以防止其腐烂和被细菌侵染。为保护和维护墓穴，安装了天花板、门和通风设施。今天，这里正在修建一座博物馆以容纳其不断增长的游客数量。

巴哈利亚只是哈瓦斯进一步令古埃及进入全世界视野的众多引人注目的项目之一。现在，他正参与分析王室木乃伊的DNA，并调查研究帝王谷法老塞提一世墓中的一个神秘通道。1968年，哈瓦斯加入了文物部，但他并不喜欢这份工作。在尝试转到外交行业后，他又回归了考古学。某一次，他被指派到三角洲进行挖掘，他回忆道：“有一天，我发现了一座坟墓，里面有一尊美丽的雕像。我拿起一把刷子，开始清理雕像上的沙子——在那一刻，我发现那座雕像的眼睛正看着我的眼睛，这触动了我的心。我找到了我的爱，我的爱就是考古！”

（马克·罗斯）

第180页图 扎西·哈瓦斯正在54号墓工作，这是1999年挖掘过程中发现的最大的坟墓，位于黄金木乃伊谷。

第182—183页图 埃及考古学家们正在巴哈利亚的54号墓中工作，那里建两个墓室，墙上建有壁龛，用来存放木乃伊。

第183页图 哈瓦斯正小心翼翼地清理54号墓一具女性木乃伊金面具上的沙子。

下图 在巴哈利亚发现的木乃伊来自希腊罗马时代。它们整齐地排列在壁龛里，上面的裹布呈几何图案。

第184—185页图 下层阶级的木乃伊用简易的裹布包裹着，而权贵的木乃伊则佩戴着镀金面具和胸饰。

第186—187页图　在54号墓中发现的最华丽、保存最完好的木乃伊被称为“木乃伊C”。胸部绘有各种丧神。一个用灰泥做成的花环戴在头上，乌黑的卷发勾勒出这位年轻女子镀金的面庞。这位希腊罗马时代的权贵也有一个皇室神蛇标记在她的额头上(巴哈利亚博物馆)。

探险家

让-弗朗索瓦·商博良

乔瓦尼·巴蒂斯塔·贝尔佐尼

约翰·路德维格·布尔克哈特

亨利·穆奥

约翰·劳埃德·斯蒂芬斯与弗雷德里克·卡瑟伍德

海勒姆·宾厄姆

伟大的探险家和伟大的考古学家之间只有一线之隔。他们都乐于探索未知的沙漠、丛林、山脉和水域，躲避野生生物的袭击、疾病和危险，探索未知以及发掘古代遗迹。然而，在过去的一个世纪里，两者的定义与区别不断发生变化，恃强凌弱的寻宝者已经演变成硬核科学家。

今天，真正伟大并敢于冒险的考古学家，不仅要有能力在偏远地区发现改变历史的遗迹，而且还要以负责任的方式进行考古工作。

在本章中，您将看到一些最鼓舞人心的早期探险家，比如埃内斯特-马克-路易·杜达尔·德拉格雷（Ernest-Marc-Louis Doudart de Lagree），他在探索湄公河时失去了自己的生命，还有约翰·斯蒂芬斯和弗雷德里克·卡瑟伍德，他们那令人印象深刻的记录和插图将玛雅文明带出了丛林，并通过他们的畅销书使其在西方世界广为人知。本章还包括了拿破仑的许多“学者”，他们被派往埃及，用百科全书式的方式来记录这个国家，并带回了罗塞达石碑（Rosetta Stone）；还有瑞士旅行家约翰·路德维格·布尔克哈特，一口流利的阿拉伯语帮助他找到被遗忘的佩特拉城。

然而，最伟大的探险者兼考古学家可能要数虚构的电影角色印第安纳·琼斯（Indiana Jones），他首次登上银屏是在1981年的电影《夺宝奇兵》中。几十年来，全世界都看着他在秘鲁茂密的植被中用砍刀劈出一条通道，驾驶飞机离开上海，勇敢地进入老鼠出没的威尼斯地下墓穴。最近一次，他甚至偶然撞见了拥有水晶头骨的外星生物乘坐一艘由神庙改装而成的宇宙飞船飞走了。

这位粗犷而讨人喜欢的考古学教授也因其温文尔雅的外表而受到人们的钦佩：这个留着胡子、戴着软呢帽、手持鞭子的家伙总是能获得姑娘的芳心。谁不想成为印第安纳·琼斯？这个耀眼的人物对考古学研究的兴盛产生了巨大的影响，以至于2009年美国考古学会（AIA）推选这个角色的饰演者哈里森·福特（Harrison Ford）为其董事会成员。“知识就是力量”，福特评论道，“只有了解过去才能帮助我们应对现在和未来”。

但是印第安纳·琼斯远非电影导演乔治·卢卡斯（George Lucas）幻想出来的一个虚构人物。他被认为是几位真实存在的考古学家和探险家的结合体，其中包括美国第一位埃及古物学家、芝加哥大学东方研究所（University of Chicago's Oriental Institute）的创始人詹姆斯·亨利·布雷斯特德（James Henry Breasted）。布雷斯特德1895年在埃及度蜜月时把大部分时间用于为研究所新成立的博物馆购买文物，并把它们存放在他们尼罗河游船的套房中。在给家人的一封信中，他的新婚妻子弗朗西斯·哈特（Frances Hart）写道：

“我吃了午饭三点才到的住处，之后好好洗了个澡。然后，我为我们探索的成果腾出空间。接着躺下休息，等待丈夫。四点半左右他带着东西回来了，我们也度过了一段美好的时光，并把东西都藏在了我们的小房间里。我们不得不把这些看起来脏兮兮的东西收起来，以免被发现和拿走。后甲板被塞满了，以至于我们关不上门，我们的化妆室是一番特别景象！早上我们不得不俯身在木乃伊箱上洗漱，当我找鞋子时，最终在它的下面发现了它们！”

印第安纳的冒险精神在整本书中都可以领略到，在本章中，作为这个角色的灵感来源，还有两位探险家被提及，他们是重新探索了马丘比丘，即所谓“印加失落之城”的海勒姆·宾厄姆，和曾洗劫埃及陵墓和神庙的马戏团大力士乔瓦尼·巴蒂斯塔·贝尔佐尼。

尽管哈里森·福特得到了AIA的认可，但并不是所有的考古学家都赞赏印第安纳·琼斯。那些把自己的生命奉献给这门学科、掌握复杂的科学发掘技术、完成细致的文献记录并及时出版的人，称他为掠夺者、盗贼和宝藏猎人。

毕竟，人们从未见过他记录过一个发现的来龙去脉。在《夺宝奇兵》著名的开场戏中，他以一袋沙子换得了一个纯金偶像，在躲避古老的饵杀陷阱时，他把这个纯金偶像塞进了背包里，差点和他都没能逃过一劫。

在《夺宝奇兵3》(1989年）的最后一幕中，佩特拉的巨大宝藏在他身后崩塌，他冒着被颤抖的大地吞没的危险，再次试图从一个危险的岩架上摘下圣杯。他的英勇功绩是他确实冒着生命危险阻止文物落入坏人之手，因为它们“属于博物馆”。

许多人因此会原谅他的不完美之处，并欣然接受他性格中所带有的浪漫色彩，而且最重要的是他有着良好的意图，这点和那些早期的探险家是一样的。

继他们之后的现代同行们可以通过彼此对旅行、冒险，当然还有对探索发现所共有的热情来产生共鸣。今天，我们都深切地意识到考古文献的重要性，我们也不应忽视它们为这些发现及其解读提供了丰富的参考资料，而这些仅仅通过一个装满闪亮黄金的皮挎包是获取不到的。

在过去的几十年里，科学技术所取得的进步是这些早期的探险家们无法想象的。有了地理信息系统（GIS）的制图软件，我们可以在不接触地面的情况下精确地确定挖掘地点。借助先进的CT扫描仪，我们可以窥探到密封的木乃伊面具内部，而不需要剥掉其精致外壳的一丁点。通过三维激光扫描，我们可以数字化地记录下整个古代景观，从玛雅金字塔到摩埃巨石像(Moai)。

一位远在另一个大陆上工作的计算机技术人员可以将图像融合在一起，重现一个古老的景观，并在他们的电脑上虚拟发掘出一个遗址，从而开启完全不同的另一种冒险。考古先锋们勇敢地开拓一个全新的领域，这一章中所讨论的这些人物的精神激励了我们中的许多人去热爱、投身这个领域，并希望它们继续作为启发为未来几代人提供灵感，或许对一些人来说，这些经典传奇也具有警示性。

埃蒂·博恩-穆勒

Route de Paris a Syene
N° 1167 milles 340

让-弗朗索瓦·商博良：

拿破仑的军队与象形文字，罗塞达石碑

让-弗朗索瓦·商博良对埃及象形文字的解密证明，大灾难可以带来伟大的发现。拿破仑试图占领埃及，以让法国获得这个欧亚之间关键枢纽的控制权，但失败了。1798年7月1日，拿破仑在登陆亚历山大市仅仅20天后，就在吉萨金字塔附近的战斗中击败了埃及的马穆鲁克（Mameluke）统治者。战前，他召集了他的士兵，说："你们要努力前行，今后你们会回忆起这段被这些40个世纪前就矗立着的纪念碑在上方注视着的岁月。"但拿破仑的胜利是短暂的。8月1日，英国海军上将纳尔逊在亚历山大港以东的阿布基尔湾追击法国舰队，并将其摧毁。

尽管遭遇挫折，拿破仑仍然控制着埃及。他的探险队由5.5万人组成，其中包括165名"学者"，包括科学家、工程师、测量员和艺术家，他们被选来收集信息。学者们继续他们的研究，最终编纂了埃及百科全书式的著作《埃及记述》（*Description de l'Égypte*）。但拿破仑于1799年8月返回法国，两年后，他的军队被瘟疫击倒，向英国投降。根据条款，这些学者们的收藏品被没收了。

在缴获的物品中，有一块罗塞达石碑，这块762千克带有铭文的石碑是1799年一座堡垒的地基被加固时，于尼罗河三角洲的埃尔拉什德（el-Rashid）被发现的。上面的铭文赞扬了法老托勒密五世减税、支持神庙等善举，而这段文字同时以希腊文字、通俗文字（日常使用的埃及语，Demotic）和象形文字（官方和宗教使用的埃及语）出现。法国学者已经认识到这块石头在破译古埃及文字方面的重要性。1802年，乔治三世国王将这块石碑捐赠给大英博物馆时，破译工作仍在进行。

破译的功劳属于让-弗朗索瓦·商博良。他1790年出生于法国南部，很有语言天赋，在很小的时候就学习了希腊语和拉丁语。1801年，他去了格勒诺布尔（Grenoble），和哥哥雅克-约瑟夫（Jacques-Joseph）会合，他哥哥曾跟随拿破仑去过埃及。与此同时，他遇到了数学家让-巴蒂斯特·傅立叶（Jean-Baptiste Fourier），他是著名学者，也是《埃及记述》前言的作者。商博良还收到一本《埃及通讯》（*Courrier de l'Égypte*），里面有发现罗塞达石碑的内容。

许多学者已经在研究罗塞达石碑文。西尔韦斯特·塞西（Silvestre de Sacy）竭力主张对希腊文字版本和通俗文字版本进行比较，尤其是在通俗文字中寻找与希腊文字中名字相对应的人名，这些名字是可以确认的。瑞典外交官约翰·戴维·阿克布拉德（Johan David Akerblad）也同样关注人名问题。人们普遍认为，通俗文字是字母体，而象形文字是形意文字构成的。但格奥尔·索伊加（Georg Zoega）认为，一些象形文字也是表音的，他建立了如何确定象形文字书写方向的方法，并且他坚持认为，埃及石碑上带椭圆形框的象形茧可能是宗教用语或人名。象形茧（cartouche）这个词是以法语中火器的"药筒"的单词命名的，因为拿破仑的士兵们认为两者很相似，而实际上它是埃及国王和王后的名字。

与其他人一样，商博良通过名字来攻破译码。英国学者托马斯·杨（Thomas Young）已经识别出了托勒密的名字。商博良补充了克莱奥帕特拉，这意味着他至少有12个已知的象形文字字母。商博良得到了越来越多的证据。《埃及记述》即将出版，在1822年9月，他还收到了一位到过埃及旅游的法国建筑师寄来的一批图纸。商博良以他已知的12个象形文字为基础，确定了罗马皇帝和妻子以及古典时期前的法老拉美西斯和图特摩斯的名字。1822年9月，商博良在他的《给达西耶先生的信》（*Lettre à M. Dacier*，达西耶是法兰西学院的书记）中写下了他关于破解象形文字的记述。到了1823年1月，商博良已经从罗塞达石碑中破译了大约30位法老的名字。多亏了商博良，这门已经消亡的语言可以被重新阅读。

（马克·罗斯）

10.

Quelques images d'Oiseaux reçoivent aussi, par fois, une teinte rouge sur quelques unes de leurs parties;

Et le signe représentant un Oiseau qui vient de Naître totalement dénué de plumes est peint tout entier de couleur Rouge:

21 Les Hiéroglyphes sculptés en grand et figurant des ustensiles, des instruments et objets de Costume prennent une couleur indiquant la matière dont ils sont formés:

Les objets en bois sont peints en Jaune:

(1)

La Couleur verte est donnée aux ustensiles en Bronze.

Il n'en est point ainsi pour les hiéroglyphes peints sur les monuments d'un petit volume: on ne suit presque à cet égard aucune règle constante, beaucoup de caractères de cet ordre sont peints en en vert en bleu ou en rouge indifféremment

(1) un arc, une barque, une houe, une charrue, une paire de Sandales.

第192页图 拿破仑军队的士兵们在一座古埃及纪念碑上留下了文字，以此来纪念他们到达了阿斯旺（塞伊尼）。这个画面出自1812年让-夏尔·塔迪厄（Jean-Charles Tardieu）所绘的一幅画作（凡尔赛宫）。

第194、195页上图 让-弗朗索瓦·商博良的兄弟在商博良去世后，于1836年后出版了他的埃及象形文字书。这个破译了象形文字的人于1832年去世，享年41岁。

右图 这个罗塞达石碑上写有托勒密五世颁布的一项法令（公元前196年），是商博良破译象形文字决定性的关键（伦敦大英博物馆）。

尼罗河巨人：

乔瓦尼·巴蒂斯塔·贝尔佐尼

乔瓦尼·巴蒂斯塔·贝尔佐尼是19世纪这个伟大欧洲探险家云集的时代中重要的人物之一。他身材魁梧，按照阿拉伯的习俗蓄着浓密的胡须，他凭借所取得的非凡发现以及多才多艺、充满活力的个性和坚定的意志，令大众为其神往。

1778年出生于帕多瓦（Padua），年轻的贝尔佐尼在罗马短暂停留后对液压机械产生了兴趣。1803年，还未找到一份稳定工作的他动身到伦敦去碰运气，他在那里待了9年，以表演马戏为生。在一次表演中，他以自身力量勇猛地扛起了一个由10人组成的“人体金字塔”，收获了“巴塔哥尼亚参孙”（Patagonian Samson）的名号，这也使他有机会周游欧洲，1815年，他和妻子萨拉（Sarah）受邀前往埃及。他准备向奥斯曼帝国总督穆罕默德·阿里·帕夏（Muhammad Ali Pasha）的一位特使展示他的水利项目，这位总督有意将更现代、更经济高效的灌溉方法带到该国。贝尔佐尼在这个项目上花了将近1年的时间，并于1816年终于得到了帕夏的接见，在他的面前进行了一次液压装置的实际演示。然而演示过程中的一个小故障，加上帕夏的顾问不愿接受新技术，导致贝尔佐尼的项目被否决，他的梦想破灭。

在开罗，贝尔佐尼与伟大的瑞士探险家约翰·路德维格·布尔克哈特建立了亲密的友谊。布尔克哈特几年前重新探索了纳巴泰人（Nabataean）的佩特拉城，并于1813年成为了第一个访问阿布辛贝（Abu Simbel）努比亚（Nubian）神庙的欧洲人，那是拉美西斯二世法老的建筑杰作。正是与布尔克哈特的友谊改变了贝尔佐尼的命运。事实上，这让他认识了新上任的英国驻埃及总领事亨利·索尔特（Henry Salt）。为了丰富欧洲的博物馆收藏，索尔特和他的法国同事贝尔纳迪诺·德罗韦蒂（Bernardino Drovetti）召集了许多欧洲探险家来埃及，在埃及各地搜寻文物，甚至可以说是掠夺。1816年，这位领事给贝尔佐尼分配了他探险生涯中的第一个“考古”任务：搬运拉美西斯二世祭庙遗迹中一尊巨大雕像，位于尼罗河西岸，靠近卢克索（即底比斯古城）。旅行者们对这座雕像的比例印象深刻，给它起了个绰号“年轻的门农”（Young Memnon），指的是荷马史诗《伊里亚特》（*Iliad*）中的传奇人物（雕像上用象形文字刻着“拉美西斯二世”，而在当时这个名字无法读认）。

法国人和布尔克哈特本人曾多次试图搬运这尊雕像，但都以失败告终。这个机会对伦敦的大英博物馆来说是极度诱人的，因为这件物品会给他们的收藏增加相当大的价值。贝尔佐尼以他一贯的热情来对待这项工作，尽管他在这个领域并没有什么特别的经验。当他到达卢克索时，他招募了一队当地人来帮助他运送这座沉重的雕像。在七月炙热的阳光下，贝尔佐尼的手下仅用两周时间就把雕像从神庙搬到了尼罗河岸边。他们采用了一种既简单又有效的工具：绳子和滚木。载着雕像的船沿河而下，雕像最终于1818年抵达伦敦。在等待船只抵达卢克索时，贝尔佐尼决定执行另一项任务，向南前往阿布辛贝神庙的探险，这个遗迹几年前由他的朋友布尔克哈特发现。

当时拉美西斯二世的大型神庙几乎完全被埋在沙子里，入口也被掩埋。这位法老的巨大雕像装饰着正面，但只有最上面的部分是可见的。1816年9月，贝尔佐尼来到这里，希望能在神庙里找到令人惊叹的宝藏。但是技术上的困难和缺乏资金迫使他暂时放弃了这个项目。1817年7月，贝尔佐尼带着两名英国海军军官伦纳德·厄比（Leonard Irby）和詹姆斯·曼格斯（James Mangles）以及秘书亨利·比奇（Henry Beechey）回到阿布辛贝，重新开始工作。贝尔佐尼的团队终于设法在1817年8月1日早晨进入了神庙。

尽管酷热难耐，他们还是仔细勘察了这座神庙，发现了巨大的俄塞里斯石柱和神庙墙壁上精细的浮雕，但这并不是他们所渴望的。

在对阿布辛贝神庙进行第一次视察之后，不知疲倦的贝尔佐尼回到了卢克索。他想要探索帝王谷，1816年，他已经在那里发现了法老阿伊的坟墓。1817年10月18日，贝尔佐尼的人

第196页图 这幅乔瓦尼·巴蒂斯塔·贝尔佐尼的画像是由英国画家威廉·布罗克登（William Brockedon）所作。贝尔佐尼1815年去埃及时，是要向穆罕默德·阿里·帕夏展示水力机械。后来，他才转向收集埃及文物。

第198—199页图 贝尔佐尼的第一个任务，来自英国总领事亨利·索尔特，是组织运输一尊巨大的拉美西斯二世雕像，其正躺在这位法老的祭庙里，位于卢克索附近。

上图 贝尔佐尼的名字被刻在了拉美西斯二世雕像一只耳朵的后面，这尊雕像原位于拉美西斯二世祭庙（伦敦大英博物馆）。

第200—201页图 贝尔佐尼于1818年3月2日在吉萨发现了通往哈夫拉金字塔内室的甬道。这张图描绘了贝尔佐尼第一次进入墓室的情景，发表于他的著作中。

在山谷中挖掘时，偶然发现了一座无名墓葬的入口。他发现了塞提一世（KV 17）的墓葬，这是帝王谷中极大、装饰极其华丽的陵墓之一。贝尔佐尼写道：“我会把这一天称为幸运的一天，或许是我一生中最美好的一天……（好运）给了我这种满足感和极度的喜悦，这是财富所买不到的。发现了长期以来苦苦追求的东西，向世界展示一座新的、完美的埃及古代遗迹，这是一种乐趣。”他在坟墓里找到了一些壁画，并将其中部分运往了欧洲各大博物馆，这在当时是一种常见的做法。塞提一世之墓至今仍被称为“贝尔佐尼之墓”。

当这位富有进取心的探险家决定搜查吉萨哈夫拉金字塔的内室时，他的名声注定变得更加响亮。从规模上看，第四王朝法老的金字塔仅次于胡夫金字塔。在13世纪，一位阿拉伯旅行者曾对它进行过探索，但从那以后，再也没有人冒险进入这座陵墓的中心地带。贝尔佐尼的这项任务也取得了成功。1818年3月2日，他借着火光进入墓室，呼吸着几个世纪以来从未改变过的陈腐空气。按照惯例，贝尔佐尼将他的名字和日期刻在了墓室里，为他的发现留下了永久的记号。

贝尔佐尼在埃及继续其他探险，并取得更多的发现：在红海沿岸发现了托勒密时期的贝列尼斯-特罗格罗迪卡港（Berenice Troglodytica）；从菲莱（Philae）岛找回一座方尖碑；成为第一个看到巴哈利亚绿洲的欧洲人。1819年，他离开埃及，回到欧洲，记录下他在法老土地上的冒险经历，出版了《关于埃及和努比亚的金字塔、寺庙、坟墓的发掘行动及近期发现》（*Narrative of the Operations and Recent Discoveries within the Pyramids, Temples, Tombs, and Excavations, in Egypt and Nubia*）一书。在伦敦和巴黎还举办了展览，贝尔佐尼在埃及4年工作期间发现的重要文物都向公众进行了展示。

贝尔佐尼是一位备受争议的人物，他富有冒险精神和浪漫情怀，固执而进取，他身处在埃及古物学尚未成为一门科学的时代，在埃及古物学的历史上留下了自己的印记。1823年11月3日，他在贝宁（Benin）的一个小村庄去世，当时他正试图完成他生命中又一个新的冒险——探索传说中的城市廷巴克图（Timbuktu）。

（乔治·费雷罗）

上图 哈夫拉（第四王朝的法老）金字塔是吉萨第二大金字塔。贝尔佐尼于1818年首次探索了其内部。

中图 贝尔佐尼选择在哈夫拉金字塔墓室里的一面墙上纪念他的成果。他在上面写下了“1818年3月2日由贝尔佐尼发现”。

第202—203页图 第十九王朝法老塞提一世（KV 17）的墓中有许多精美的壁画。贝尔佐尼于1817年10月18日在帝王谷探险时发现了它。

第202—203页 下图 贝尔佐尼认为在帝王谷发现的这座华丽的陵墓属于萨姆提斯（Psammuthis），实际是属于塞提一世。人们依旧称它为“贝尔佐尼的坟墓”。

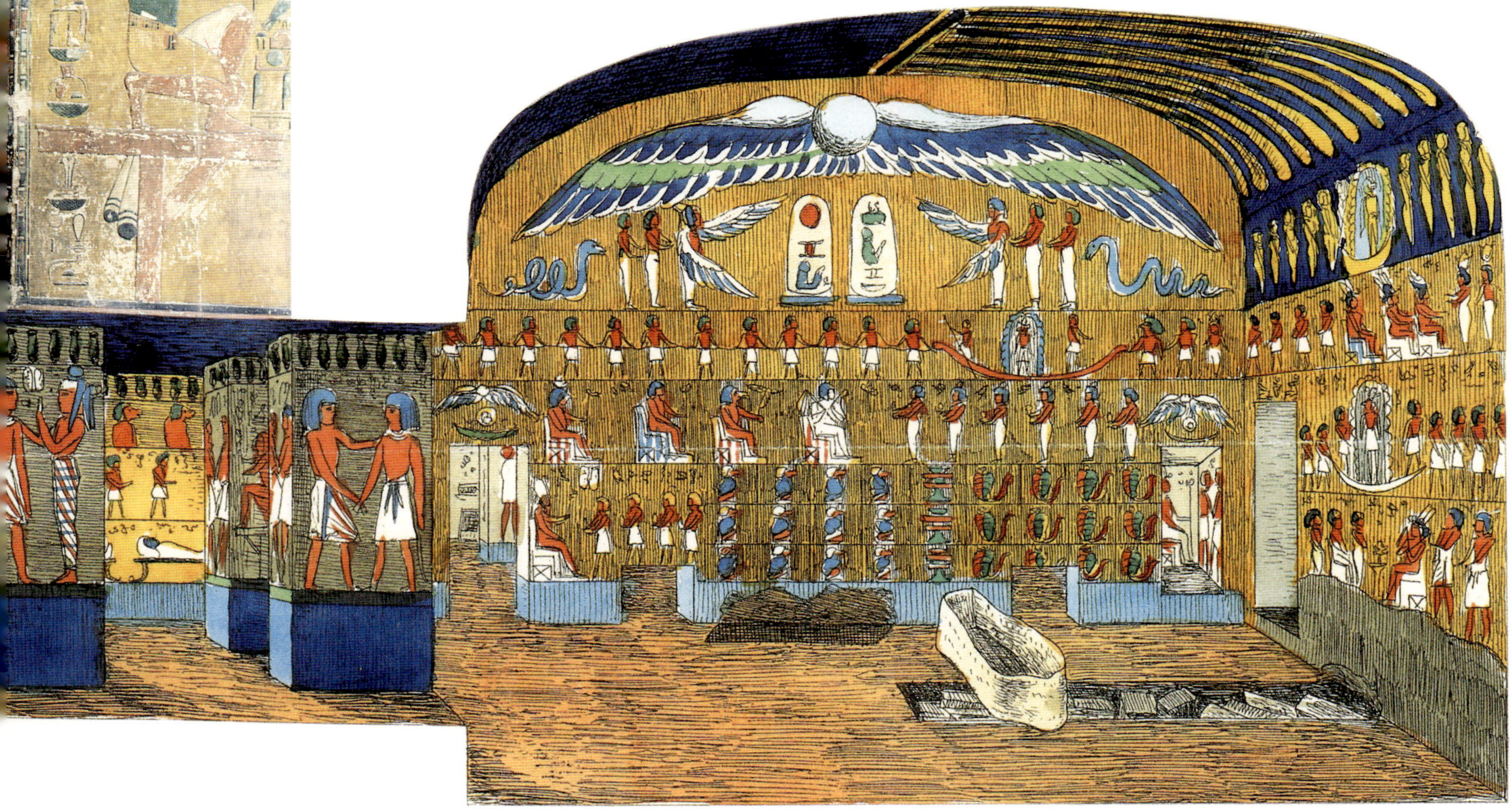

上图 尽管约翰·路德维格·布尔克哈特和约翰·班克斯（John Bankes）分别于1813年和1815年造访过阿布辛贝神庙，但并没有进入。贝尔佐尼在1817年8月1日终于清除了所有堵塞入口处的沙子，成为第一位探索神庙内部的人。

下图、第205页图 贝尔佐尼画下的支撑着阿布辛贝神庙中央大厅天花板的巨大俄塞里斯柱。他成为几个世纪以来第一个进入该遗迹的探险家。

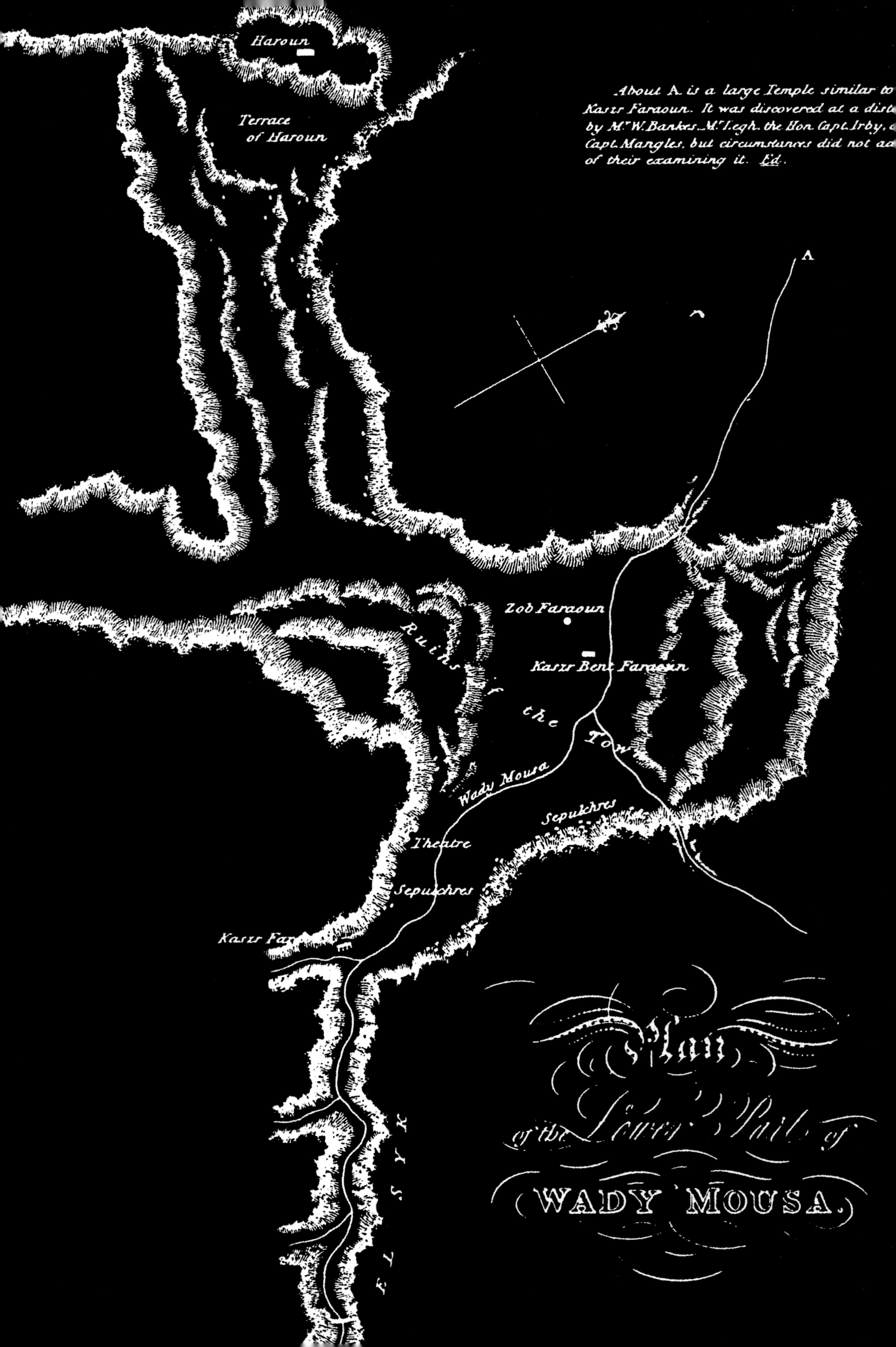
About A is a large Temple similar to
Kasr Faraoun. It was discovered at a dist
by Mr. W. Bankes, Mr. Legh, the Hon. Capt. Irby, &
Capt. Mangles, but circumstances did not ad
of their examining it. Ed.
Haroun
Terrace of Haroun
A
Zob Faraoun
Kasr Bent Faraoun
Ruins of the Tow
Wady Mousa
Sepulchres
Theatre
Sepulchres
Kasr Far
EL SYK
Plan of the Lower Part of
WADY MOUSA.

阿拉伯之行：

布尔克哈特与商队贸易之城佩特拉

约翰·路德维格·布尔克哈特，那个时代伟大的旅行家之一，最终并未实现他要探索非洲内陆的目标，但却以对阿拉伯世界的诸多探索而闻名。他沿尼罗河旅行至努比亚，不惧一切去麦加朝圣，最重要的是他还发现了古城佩特拉。布尔克哈特于1874年出生在瑞士的洛桑（Lausanne），曾在莱比锡（Leipzig）和哥廷根（Göttingen）学习。1806年，他搬到了伦敦，身上带着一封由他的一位教授写给约瑟夫·班克斯（Joseph Banks）爵士的介绍信。班克斯是英国皇家学会主席，也是非洲协会的领导人。

布尔克哈特被协会聘请去探索非洲内陆，从北部开始行程。为了做好准备，他在剑桥大学学习了阿拉伯语、自然科学和医学，践习了徒步长途旅行，睡在地上，以水和蔬菜为食。1809年3月，布尔克哈特离开英国前往马耳他，在途中去了阿勒颇，在那里他要掌握阿拉伯语，并了解阿拉伯风俗。他穿上阿拉伯服装，并给自己取名为谢赫·易卜拉欣·伊本·阿卜杜拉（Sheikh Ibrahim Ibn Abdallah）。为了掩饰自己最初在某些知识上的欠缺，他自称是一名从欧洲归来的印度穆斯林："每当我被要求讲一句印度语时，我都会用最糟糕的瑞士德语方言进行回答，甚至连德国人都听不懂，而且从喉音中听起来，它的发音可能与阿拉伯语中最刺耳的声音类似。"

他周游列国，访问了巴尔米拉（Palmyra）、大马士革（Damascus）和黎巴嫩。1812年夏天，他前往开罗，打算加入一支前往费赞（Fezzan）的商队，并从那里探索尼日尔河（Niger）的源头。他从大马士革出发途经阿拉伯佩特拉（Arabia Petræa）山区（位于今天的约旦）。在那里，他听到当地人对一些古老的废墟赞不绝口，于是就去调查它们，这是一项有点微妙的工作："我很了解周围人的性格。在沙漠中，我无人保护，也未曾在那里看见有其他旅行者。仔细检视这些遗迹会让人怀疑我是一个寻找宝藏的术士。"

他发现的是纳巴泰人的首都佩特拉。公元前2世纪末，纳巴泰王国因其对贸易路线的掌控而崛起。这些贸易路线以佩特拉为起点，向西延伸至加沙（Gaza），向北延伸到巴士拉（Basra）和大马士革，向南延伸至红海港口亚喀巴（Aqaba），并穿过阿拉伯半岛到达波斯湾。佩特拉本身是一个国际化的城市，既有希腊、埃及、叙利亚的元素，也有本地纳巴泰元素。

布尔克哈特在9月12日从开罗寄给非洲协会的一封信中描述了这片巨大的遗迹：

"这个地方非常有趣，通过当地的历史文物和古城的遗迹，我猜测这是阿拉伯佩特拉的首都佩特拉。据我所知，欧洲人从未到过那里。在山谷的红色沙石中，有250多座完全由岩石凿成的建筑，其中大部分带有希腊风格的装饰。那里有一座神庙形状的陵墓，规模巨大，同样也是从岩石中凿出来的，有房间、前厅、柱廊等。它是古希腊建筑中最美丽的典范，并且保存完好。那里还有带有方尖碑的陵墓，显然是埃及风格的，整个圆形建筑都是从岩石中切割出来的，里面有一座宫殿和几座神庙的遗迹。"

然而，佩特拉的辉煌岁月是短暂的。106年，该地区作为阿拉伯佩特拉行省的一部分被并入罗马帝国。佩特拉一度繁荣昌盛，但在接下来的1个世纪里，贸易路线发生了变化，巴尔米拉的重要性增加。363年的一场地震摧毁了佩特拉的许多建筑，且破坏了其供水系统，从此这座沙漠城市再也没有恢复元气。

在开罗，布尔克哈特发现费赞的商队并未到来，他便沿着尼罗河来到努比亚。在意识到自己无法向西进入非洲内陆之后，他伪装成一个可怜的叙利亚商人穿过努比亚沙漠，到达红海上的萨瓦金（Suakin）。从那里，他开始了前往麦加的朝圣之旅，并在那里停留了3个月。直到1817年，他才重新开始准备进入非洲内陆，但在开罗，他染上了痢疾，于10月15日去世。

（马克·罗斯）

第206页图 布尔克哈特在1812年制作了这张穆萨谷（Wadi Musa）地图，描绘了古代纳巴泰首都的废墟。地形呈现并不完全准确，但它显示了主要遗迹的名称。

上图 布尔克哈特的旅行是由英国促进非洲内陆地区探索协会（British Association for Promoting the Discovery of the Interior Parts of Africa）赞助的。他把他的发现记录在几本日记里，这些日记现在是很有价值的资料。

第208—209页图 这些皇家陵墓沿佩特拉中心库布萨山（al-Khubtha）雕刻建成，是纳巴泰城市中规模最大、制作最精美的墓地。

第210页图 由布尔克哈特发现的纳巴泰城古迹是通过英国风景画家大卫·罗伯茨（David Roberts）美丽的石版画而闻名于西方世界的，这位艺术家于1839年造访了佩特拉。他的这张画作描绘了该地区最著名的“法老的国库”卡兹尼神殿（Khazneh al-Faroun）。在游客穿过西克峡道（Siq，通往这座城市的狭窄通道）时，这座宏伟的岩石神殿会赫然出现在人们面前。

第211页图 卡兹尼神殿的正面被阳光照亮，与西克峡谷垂直岩壁的阴影形成鲜明对比。在这里，希腊风格的建筑与纳巴泰文明的东方韵味交织在一起。

第212—213页图 佩特拉最大的历史遗迹是“戴尔修道院”（Ed-Deir），它坚实的外部形态和清晰的轮廓从悬崖顶端的岩石中浮现出来。像卡兹尼神殿一样，它一定是纳巴泰权贵的陵墓。

第214—215页图 大卫·罗伯茨在日记中描述了他的修道院之行："我们沿着陡峭的峡谷蜿蜒而上，整个上坡道都是断裂的石阶……我们终于抵达了目的地，那是一座很少有人参观的建筑，被称作'修道院'。它是从岩石表面开凿出来的……虽然这个非凡之地的废墟都是巨大的，但是和这些大得惊人的岩石相比，它们就显得微不足道了。"

第215页图 罗伯茨的这张石版画捕捉到了佩特拉皇家陵墓壮观而多样的石雕立面：金瓮墓（Urn Tomb）、丝绸墓（Silk Tomb）、科林斯墓（Corinthian Tomb）以及宫殿墓（Palace Tomb）。

湄公河上的探险家：

吴哥再发现

柬埔寨古城吴哥那被丛林覆盖的砂岩遗址，其附近的居民、历史上的少数葡萄牙游客和一位法国传教士都曾见到过它。甚至还有一位日本朝圣者，他在这座遗址15世纪废弃后过了大约200年对其有所记述。但直到1860年，法国博物学者和探险家亨利·穆奥（Henri Mouhot）在与英国皇家地理学会（British Royal Geographic Society）一起考察湄公河支流时访问了吴哥，才对其庞大的寺庙建筑群和莲花塔进行了生动的描述，并用钢笔留下了多张速写。这些出版物使西方迷上了这座神秘的“失落”之城。

1866年6月，一支法国队伍发起了首次正式的湄公河考察行动，了解它是否可以通航到中国，以便建立新的贸易路线。指挥官埃内斯特-马克-路易·杜达尔·德拉格雷和中尉弗朗西斯·安邺（Francis Garnier）两名海军军官率领了一支由20多人组成的队伍，包括了探险者和翻译人员，法国和菲律宾的士兵以及越南的民兵。经历了险峻的激流和瀑布，例如柬埔寨和老挝边境附近的孔瀑布（Khone Falls），此次任务并未取得经济层面上的成功，但该团队对6700千米湄公河的迂回曲折及周围环境进行了仔细测绘，确定了它在历史上的重要性。特别的是，这支队伍在继续行程之前还在吴哥做了停留，研究并记录了它的废墟。不幸的是，德拉格雷没能活着看到安邺1873年出版的有关这次探险的著作《印度支那探险之旅》(*Voyage d'Exploration en Indochine*)，该书至今对研究人员来说仍是一本无价的著作。德拉格雷由于溃疡、发烧、伤口感染和痢疾，于1868年3月在途中去世。因此，安邺接管了探险队最后三个月的指挥权。德拉格雷被葬在了中国东川，但他的心脏被取走了，带回到他的祖国法国。

探险队的一名成员路易·德拉波特后来回到这里，进一步记录了这个遗址。他运回法国的吴哥艺术品也吸引了巴黎建筑师吕西安·富尔纳罗（Lucien Fournereau）于1887年来到这里，并绘制了出色的平面图和剖面图。1902年，一群考古学家和文献学家以法国远东学院（Ecole Francaise d'extreme Orient，EFEO）的名义开始在这里工作。1907年，当时在泰国控制下的吴哥回归了柬埔寨，EFEO负责测绘、修复和维护该遗址，并向游客开放。今天，大吴哥工程（GAP）使用包括美国宇航局（NASA）雷达图像和遥感应用在内的先进技术对其进行研究。最近的研究揭示出一个庞大的自来水系统和水力网络，表明整座城市曾经占地约1000平方千米，在12或13世纪的鼎盛时期，人口可能有75万。

吴哥城是由曾经控制了东南亚大部分地区的强大的高棉帝国建造的，它在9世纪成为该帝国的首都，在12世纪至15世纪之间达到其鼎盛时期。尽管这个庞大的建筑群由数百座建筑组成，但却只有两处特别奇妙的建筑吸引了全世界的目光。高65米的吴哥窟莲花塔，由12世纪国王苏耶跋摩二世（Suryavarman II）兴建，标志着统治者最后的安息之所以及印度教神毗湿奴（Vishnu）的居所。

据信，这座宏伟的建筑花了大约30年的时间才建成，没有用到任何的砂浆，大象被用来将沉重的砂岩砌块安放到位。

吴哥通王城（Angkor Thom）也特别有名，它是1200年左右，国王阇耶跋摩七世（King Jayavarman VII）修建的一座防御森严的庙宇。保护住在那里的人免受来自现为越南所属的占族人的袭击。巨型头像成为整个23米高塔的标志，其身份仍然是个谜，许多学者认为它们代表着面向四个方位的观世音菩萨。

1431年，与暹罗王国的一场大战之后，吴哥被遗弃了。学者们现在认为，过度使用周围的土地、滥伐森林和人口过剩也是导致这座经历22位国王的统治、拥有500年繁荣昌盛历史的城市走向衰败的原因之一。

（埃蒂·博恩-穆勒）

第216页图 19世纪末，法国探险家路易·德拉波特对吴哥遗址进行了记录。1992年，吴哥被联合国教科文组织列为世界文化遗产。

第218—219页图 法国博物学家穆奥1863年访问吴哥时所绘制的精细速写发表在了《环游世界：新航海》(*Le tour du monde: Nouveau journal des voyages*，1868）杂志。

上图 尽管很多人都知道吴哥的存在，但穆奥在其旅行后不到十年去世后以“吴哥窟的发现者”被铭记。

第220—221页图 吴哥寺的宏伟建筑群被一条长为5.5千米的护城河包围着，只有两个入口。这里所示的是西入口，一个长200米、宽12米、铺有砂岩的堤道。

第222—223页图 德拉波特的这幅素描展示了防御森严的吴哥通王城，在这座城市中，一个精心设计的供水系统沿着其南北轴线运行。

第223页图 1866年，埃内斯特-马克-路易·杜达尔·德拉格雷率领一支法国探险队绘制了湄公河的地图。虽然他在途中去世，但他的团队在弗朗西斯·安邺中尉的带领下成功完成了这次旅程。

第224—225页图 一些人认为吴哥城塔上的巨型头像是面朝四个方位的观世音菩萨。另一些人则认为，那个四面头像代表着遗址的守护者，甚至可能表现的是建造它的统治者阇耶跋摩七世。

斯蒂芬斯与卡瑟伍德：

探索玛雅丛林

美国的约翰·劳埃德·斯蒂芬斯（1805—1852年）和英国的弗雷德里克·卡瑟伍德（1799—1854年）共同完成了考古探索及出版著作，这样有影响力的合作成果是非常少见的。用一位著名玛雅文化专家的话来说，他们“真正开辟了玛雅考古领域”。

他们的著作《中美洲、恰帕斯和尤卡坦纪闻》(*Incidents of Travel in Central America, Chiapas and Yucatán*，1841年）和《尤卡坦纪闻》描述了他们是如何“发现了44座古城的残垣断壁……除了少数例外，所有这些残垣断壁都默默地消失了，被掩埋了，甚至从未有陌生人造访过”。斯蒂芬斯撰写的内容不仅提供了许多遗址的第一手可靠资料，而且还提供了有关印第安人的见解和人种志注解。这些笔记旁是卡瑟伍德所作版画作品，其中大部分是用投影描绘器（lucida）创作而成，这个转写器将图像投射到纸上以便将对象非常准确、精细地描摹在纸上。

斯蒂芬斯学习的是法律专业，并在纽约市开始他的律师生涯，但是在他生了一场病后，有人建议他为了自己的健康去远航。1834年，他开始了为期两年的旅行，并在《埃及、阿拉伯佩特拉和圣地纪闻》(*Incidents of Travel in Egypt, Arabia Petraea, and the Holy Land*，1837年）和《希腊、土耳其、俄罗斯和波兰纪闻》(*Incidents of Travel in Greece, Turkey, Russia, and Poland*，1838年）中记录了他的旅程以及他见到的人和古迹。而在1824年到1832年间，在剑桥大学接受过建筑师培训的弗雷德里克·卡瑟伍德游遍了地中海及其东部和埃及，为遗址绘制了图示和水彩画。

1836年，他们在伦敦相遇，计划一起去参观和记录中美洲的古代遗址。真正成行大约是在3年后。他们于1839年末到达了他们的第一个目的地科潘（Copan，位于今天的洪都拉斯）：“我们……通过石阶登上（金字塔），有些石阶被灌木和树苗强行阻隔，而有些则因大树的生长而倒塌了。有些地方饰有雕刻人物和一排排骷髅头。爬上废墟的顶部，我们来到一个长满树木的露台上。”

他们继续着旅程，游览并记录下了墨西哥的主要遗址，如帕伦克（恰帕斯）和乌斯马尔（Uxmal，尤卡坦州）。在第二次远征时，他们重游了乌斯马尔，但也记录下尤卡坦州许多其他著名遗址，包括图卢姆（Tulum）、奇琴伊察（Chichén Itzá）、玛雅潘（Mayapan）和卡巴（Kabah）。斯蒂芬斯和卡瑟伍德的工作开启了学者们所说的分类描述阶段。他们的著作对这些新发现的遗址进行了全面的评估，为这类出版物树立了标准，但对遗迹的阐释多少有些不足。但是，他们确实得出了一些非常重要的结论。

第一个结论是：玛雅遗址的年代界定可能是数百年前而不是几千年前。“更近的年代，可能降低了笼罩在这些遗址之上的神秘感和吸引力，但我们生活在一个拒绝幻象，追求真理的时代。”

这意味着基本尚未被考古学家所涉猎的早期殖民政府和教会档案可能保存着有关玛雅文明的珍贵信息。斯蒂芬斯认为调查研究这类历史文献与寻找更多的遗址或破译文字同样重要。

第二个结论是：玛雅文明是一个“独立的存在”。玛雅人不是受其他旧世界文化或失落种族的启发或衍生而来的，他们是现存印第安人的祖先。

“在确定（这个遗址）是属于现印第安人的祖先的过程中，有关它们起源的疑云并未消散。它们被建造的时间和所处的环境，以及建造它们所需的权力、艺术和技术是如何兴起、进步和全面发展，都是不易解开的谜团。它们被裹尸布包着，就像从坟墓里爬出来的骷髅。”

由于卡瑟伍德的艺术才能和斯蒂芬斯兼具启发性和知识性的文字，《中美洲、恰帕斯和尤卡坦纪闻》和《尤卡坦纪闻》已经广为流传快两个世纪。斯蒂芬斯的文字观察入微，且非常

第226页图 弗雷德里克·卡瑟伍德1839年与约翰·斯蒂芬斯一起考察了洪都拉斯玛雅遗址，这幅作品描述的是遗址中的科潘的石碑H。这尊石碑被发现时完全被热带植被覆盖，必须除走这些障碍，才能看到它的全貌。

第228—229页图 斯蒂芬斯和卡瑟伍德雇用的工人正在图伦清理废墟。卡瑟伍德位于中部，正在测量圣殿。

第229页图 卡瑟伍德的这张作品画的是“女修道院”（Nunnery），它位于尤卡坦的奇琴伊察，属于普克风格（Puuc-style）的典范。

真实，即使出现了一些有损他和卡瑟伍德自身形象的情形，他也会将周围所看到的一切如实记录，例如他们即使在火药的辅助下也没能在乌斯马尔点燃篝火。

后来，他们的伟大合作并没有继续下去。斯蒂芬斯开始经商，先是协助创办了远洋航运公司（Ocean Steam Navigation Company），试图打入大西洋的航运市场，后来又与巴拿马铁路公司（Panama Railroad Company）合作。在去波哥大（Bogotá）的路上，斯蒂芬斯的骡子摔倒使他的背部受了重伤。他的身体一直没有完全恢复，在1850年去世。卡瑟伍德成了一名旧金山加利福尼亚淘金热贸易中心的商人。1854年，他所乘坐的驶往英格兰的“北极号”（SS Arctic）客轮于大西洋中部与另一艘船相撞沉没，他不幸遇难。

（马克·罗斯）

第230—231页图 这座宏伟的卡斯蒂略（el Castillo）金字塔坐落在奇琴伊察，是库库尔坎（Kukulkan，羽蛇神）神庙，在卡瑟伍德的这幅画中，它有部分还覆盖在茂盛的尤卡坦植被下。

海勒姆·宾厄姆：

失落的印加帝国之城

具有冒险精神的耶鲁大学教授海勒姆·宾厄姆是20世纪著名的考古学家，不仅因为他重新发现了秘鲁的马丘比丘这个印加的失落之城而广受赞誉，而且还因为他是传奇电影角色印第安纳·琼斯的灵感来源之一。然而在今天，宾厄姆和他的伟大发现仍然笼罩在争议之中，国际上围绕其从该遗址带回来在耶鲁大学博物馆展出的文物的所有权展开了激烈的辩论。这位现实生活中勇敢无畏的南美洲考古学领域探索者在去世50多年后仍然占据头条，他那激动人心的生平甚至会让他的好莱坞翻版为他脱帽致敬。

1906—1907年，宾厄姆带领一支探险队踏上了西蒙·玻利瓦尔（Simon Bolivar）的1819年之行。西蒙·玻利瓦尔是1823年至1826年间秘鲁的领导人，他曾沿着一条古老的西班牙贸易路线从布宜诺斯艾利斯前往利马。这位历史老师一直希望拓宽自己对拉丁美洲的了解，以便与学生们分享。但是，宾厄姆一到印加帝国的古都库斯科（Cusco），转而对所耳闻的“印加人最后的安息之地”比尔卡班巴（Vilcabamba）的传说产生了兴趣。比尔卡班巴于1573年落入了西班牙人之手。

他对寻找和探索印加最后一个据点的想法非常着迷，便于1911年7月在耶鲁大学和国家地理学会（National Geographic Society）的财政支持下随耶鲁大学秘鲁科学探险队（Yale Peruvian Scientific Expedition）返回秘鲁。带着17世纪的著述，在当地一名警察的引领下，这支小分队骑着骡子出发了。然而，当地一位名叫梅尔乔·阿特亚加（Melchor Arteaga）的农民所提供的关于附近令人印象深刻的废墟的线索起到了关键作用，他帮助引导探险队沿着安第斯山脉攀登了两天。在到达顶峰后，他们看到了令人惊叹的场景。宾厄姆后来在他1948年出版的畅销书《失落的印加之城》中这样描述：

“突然，我看到了一些用上好的印加石料建造的宏伟建筑的残垣断壁。几百年过去了，由于部分被树木和苔藓覆盖着，它们很难被发现。到处都是白色花岗岩砌成的墙，掩蔽在浓密的树荫里，隐藏在竹林和缠结的藤蔓中，方石裁切细致，精心地拼接在一起……我爬上一条由巨大花岗岩建造的宏伟楼梯，沿着草原前行，来到一片空地上。这是我在秘鲁见过的两处最精美建筑的遗迹。它们是由精选的白色花岗岩块制成的，墙壁上的巨大方石有3米长，比一个人还高。那情景使我神魂颠倒……我简直不敢相信自己的眼睛，我检查了那些下方较大的石块，估计每一块的重量在10吨到15吨不等。会有人相信我所见到的吗？”

宾厄姆进行了两季发掘（1911—1912年和1914—1915年），在此期间，他拍摄并记录下遗址。最初他认为这是传说中的比尔卡班巴，这个解释得到了许多人的认可，直到20世纪中叶。今天，学者们获悉了这是马丘比丘，它建于15世纪，一直使用到一个多世纪后西班牙人到来，主要是印加皇室的夏季避暑高地。而在当时，宾厄姆通过诸如1913年4月出版《国家地理》（*National Geographic*）等刊物，使马丘比丘引起了全世界的关注。

作为一个带有浪漫色彩的人物，宾厄姆的形象多年来一直被诟病，越来越多的证据已经浮出水面，包括早在1874年就有精确定位到该遗址的地图，指向了其他可能率先到达马丘比丘的外国旅行者，其中包括1903年至1952年住在秘鲁的英国传教士托马斯·佩恩（Thomas Payne），以及1910年穿过该地区的德国工程师冯·哈塞尔（J. M. von Hassel）。近来，有些人声称德国探险家奥古斯托·伯恩斯（Augsto Berns）不仅在1867年率先到达了那里，还于19世纪80年代洗劫了该遗址。伯恩斯于19世纪60年代移居秘鲁，在秘鲁南部铁路局（Southern Peruvian Railway）工作，大约20年后，他从附近购买的房产所在的有利位置监视着马丘比丘，并在那上面建造了一座锯木厂，同时他还筹集资金运走了遗址中包括黄金和白银在内的宝藏，据说得到了秘鲁政府的许可。一些人认为，耶鲁档案中的文件表明，宾厄姆可能知悉伯恩斯的行径。这个问题仍然被学术界热烈讨论。

第232页图 海勒姆·宾厄姆出生于夏威夷檀香山，在伯克利加州大学获得硕士学位，并于耶鲁大学获得拉丁美洲历史博士学位。

上图 在宾厄姆的第一次南美之行中，他沿着一条古老的西班牙贸易路线从布宜诺斯艾利斯前往利马。

中图 1911年，宾厄姆率领一支由7人组成的耶鲁大学秘鲁科考队出发去寻找传说中印加最后的堡垒比尔卡班巴。

第235页图 宾厄姆的团队徒步、骑驴行进，时常要穿过危险的有蛇出没的小路。

更令人不安的是耶鲁大学和秘鲁政府之间正在进行的斗争，后者要求耶鲁归还宾厄姆从1911年至1912年发掘工作中带走的5000多件文物，这些文物在耶鲁的皮博迪自然历史博物馆（Peabody Museum of Natural History）收藏了近1个世纪。（1912年之后，秘鲁政府的政策发生了变化，宾厄姆1914年至1915年第二次探险中获得的文物被租借给了大学博物馆，然而因第一次世界大战被推迟归还）。秘鲁援引了一项总统法令，允许宾厄姆在马丘比丘开展挖掘工作，这也准许了他将文物带回耶鲁大学进行科学研究。上面写明，“珍贵的”或“重复的”文物将按规定归还给秘鲁。耶鲁大学对该协议的解释有所不同，并声称其合法拥有该遗址上的物品。

2007年9月，耶鲁大学和秘鲁签署了一份合作备忘录（MOU），为文物研究和展览方面的国际合作打下了基础，其中包括在秘鲁举办一场巡回展览，以及建立一座新的博物馆来收藏这些文物。不幸的是，谈判破裂了。2008年12月，秘鲁起诉耶鲁，要求耶鲁归还那些文物，并要求耶鲁支付高达约7.5万美元的赔偿金。2010年这一事件有了重大进展，耶鲁大学同意归还马丘比丘的文物，并于2011年3月将第一批文物归还给秘鲁。

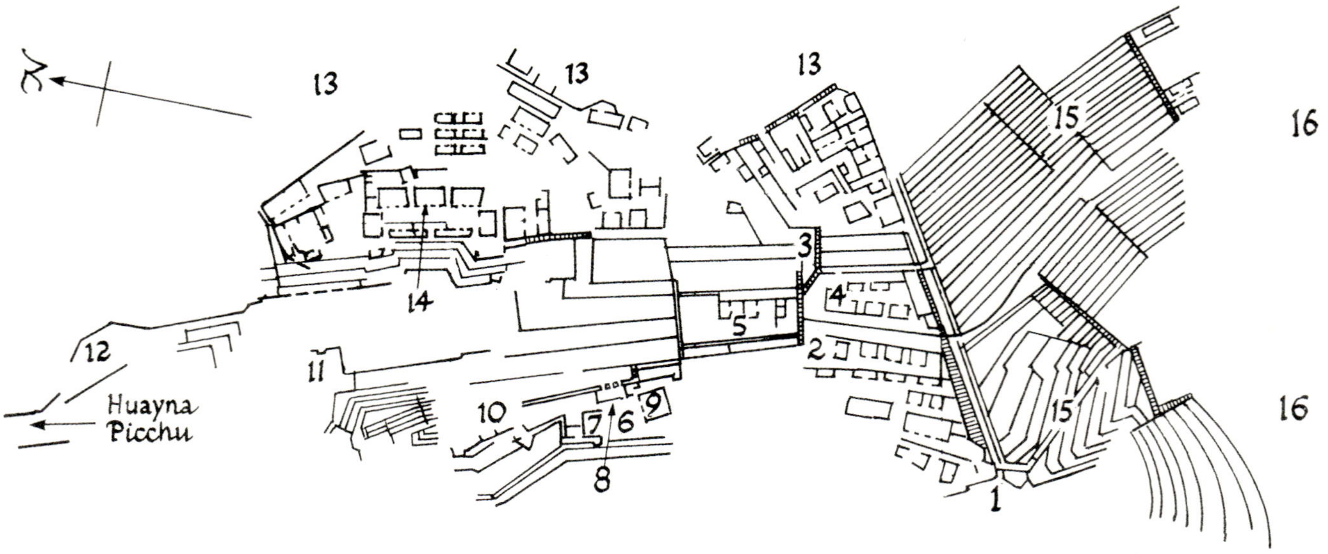

13
13
13
15
16
3
4
5
2
14
12
11
Huayna Picchu
10
7
6
9
8
15
16
1

1948年，从库斯科到马丘比丘的道路被命名为“海勒姆·宾厄姆大路”，宾厄姆因其所作的贡献受邀回到秘鲁。据当地一家报纸报道，秘鲁政府代表表示，这条公路将“再次把海勒姆·宾厄姆博士的声望与我们国家的命运联系起来”。60多年来，游客络绎不绝地来到这里进行参观。在2007年，这里被评为世界现代奇观之一。虽然其当时文物的未来连同首位发现这座壮观遗迹的探险家的身份还悬而未决，但可以肯定的是，宾厄姆将马丘比丘引向了世界，并以此给考古学领域注入了长达1个世纪的传奇故事和国际纠纷。

（埃蒂·博恩-穆勒）

1. 城门
2. 第一个洞穴上的阶梯和圆塔
3. 通往喷泉的楼梯
4. 皇家陵墓
5. 国王群落
6. 神圣广场
7. 主殿
8. 三窗神庙
9. 大祭司的住宅
10. 虎头草山
11. 平台园
12. 祭祀石
13. 带露台的主要住宅区，下面是墓穴
14. 三门群
15. 梯田
16. 陡峭的山坡上覆盖着碎石，可能是以前的梯田

第236—237页图 几十年来，宾厄姆相信他发现了比尔卡班巴，但学者们最终得出结论，马丘比丘主要是印加皇室的避暑胜地。事实证明，宾厄姆确实无意中发现了附近的比尔卡班巴遗址，只是几年之后才被正式确认。

第236页 下图 马丘比丘的复杂布局曾让考古学家误以为它可能是一座大城市的遗址，或是一座庞大的庙宇，但这些解释都被推翻了。

上图 马丘比丘有时被称为云中之城，因为它位于海拔2500米的地方。这张照片是宾厄姆探险时拍下的。

偶然的发现

米尔登霍尔宝藏

萨顿胡

斯塔福德郡秘藏

《死海古卷》

中国第一位皇帝的兵马俑

里亚切青铜像

在考古和探险的初期阶段，按照今天的标准，考古学的研究方法还有很多不足之处。那些推动到世界偏远角落去探险的人都是有钱人，或者是以古遗址和藏宝的故事来迷惑他们的人，而这些探险者事先对在丛林中心或沙漠边缘会遇到什么知之甚少。这些早期的、先驱性的“考古学家们”寻找的是那些会给他们带来声誉和荣耀的惊人发现。除此以外，仍然有一些奇异的、未知的文明尚未被揭开，还有一些失落的城市有待被重新探索。毫无疑问，他们在定位、探索和记录这些偏远地区方面发挥了重要作用，但当他们到达那里时，他们有时并不知道该怎么做，而且在为博物馆寻找展品时，他们常常是不可挽回地破坏了考古环境。今天，许多不为人知的遗址仍然沉睡在地表之下，而考古学家们自那时以来已经取得了很大的进步，通过发展完善科学的发掘方法，把我们共有的文化遗产整合在一起。

目前，大多数伟大的考古发现都是多年精心策划的结果。团队会先对遗址进行调查。如果地表信息看起来很有希望，研究人员可能会进入漫长的申请许可程序，以进行进一步的数字地质调查和发掘工作，并确保项目的资金支持。在艰苦的发掘之后，通过鉴别那些有据可查的陶瓷类型、为其确定年代以及研究该遗址的地层学，并创建一个年表。在经过大量的调研之后，他们接着可能会着手整理遗址上的碎片，并通过分析这些发现来确定其在历史上的地位，这是一项可能会贯穿整个职业生涯的工作，只有最敬业的人才能胜任。由此收获考古发现既有极其独特的，也有平淡无奇的，而后者则更为常见。

陶器通常是最普遍的发现，虽然也许是最不让人兴奋的，但是对考证年代来说是最有价值的。但是，通过艰苦的作业、耐心和毅力，考古学家们仍在揭开一个又一个的发现。

例如，经过5年的科学研究和调查，世界上已知最古老的油画是在丝绸之路沿线的石窟中发现的，这些位于阿富汗巴米扬山谷的石窟中布满佛教艺术遗迹。在克里特岛阿波罗尼亚城（Eleutherna）的奥尔蒂-佩特拉（Orthi Petra）铁器时代墓地发掘了近四分之一世纪之后，考古学家们才陆续发现这些埋藏在那里的女性，周围是金、银还有半宝石，有些旁边还有重要宗教仪式的祭祀工具，这已经说明她们在希腊黑暗时代扮演着重要的角色。此外，有一具埃及木乃伊梅热萨姆（Meresamun），被芝加哥大学东方研究所博物馆收藏了近100年后，研究人员才得以凭借足够先进的技术对其遗体进行研究，从而更多地了解她的生与死。几个世纪以来，学者们一直对古希腊和古罗马的雕塑赞赏有加，因为它们精美而古朴，一度被认为是用纯白大理石制成的。直到现在，学者们才通过大量分析的结果，了解到这些雕塑实际上曾有鲜亮的涂料覆盖在其表面。

每一项发现都是密集科学研究的结果，这些研究可能需要数年，甚至数十年。今天，考古学的确是为耐心而认真的学者所准备的。而在过去的年代，当一只迷失的动物、一名正在度假的业余水肺潜水员或当地的一个农民“偶然”地取得了一项惊人发现，以至于一个国家的历史如果没有它就很难书写时，整个考古界都震惊了。

本章详细介绍的每一项发现都是如此。很难相信一只迷途的山羊会将它的贝都因（Bedouin）牧人引向《死海古卷》——一本已知最古老的希伯来《圣经》副本。也许更令人难以置信的是，一位化学家在度假时偶然发现了从海底打捞上来的现存最精美的希腊青铜雕塑。而又有谁会想到，在中国西安附近的陕西省农村，农民们在寻找一个地方挖水井，而找到的却是有着2200年历史的、第一位皇帝的千人兵马俑。

在接下来的章节中，你还会读到一位英国女士地产上土丘的故事。受一次埃及之行的启发，她在20世纪30年代对这些土丘进行了挖掘，竟然发现了一位盎格鲁-撒克逊国王闪闪发光的秘藏。你还会了解到包含有34件4世纪罗马餐具的“米尔登霍尔宝藏”(Mindenhall Treasure)，并且弄清为什么一个在耕地的农夫偶然获得的发现仍然笼罩在神秘之中。接着你便会像考古学家一样诧异地看着一位业余的金属寻宝家是如何发现一处拥有1700件宝物的秘藏，这是迄今为止发现的最值得注意的盎格鲁-撒克逊宝藏。

幸运的是，仍然有一些令人惊奇的发现由考古学家来揭示，勉强逃脱了被“偶然”发现的命运。例如，2008年，一支由考古学家组成的团队在土耳其东南部的辛色利（Zincirl）遗址发现了一块公元前8世纪重达360千克的玄武岩石碑。上面描绘了一位名叫库塔瓦（Kuttamuwa）的高级官员在自己的葬礼宴会上喝着酒，吃着肉，嚼着面包。碑文共有13行，用一种古老的阿拉米语方言（Sam’alian）写成，讲的是在他的祭祀礼堂里献上的祭品，包括“一只为这座墓碑里我的灵魂而献上的公羊”。这句话有助于阐明铁器时代人们的来世信仰。尽管遗体已被火化，但当地文化认为灵魂存在于骨骼之中，其仍活在这块巨大的石头里。这块库塔瓦石碑是从一片世代耕种的麦田地下仅20厘米处出土的。尽管总体而言它是完好无损的，但其圆形顶部有着现代耕犁留下的很深的划痕。

对于考古学家来说，轻而易举地“偶然”发现或许很诱人，但这些令人难以置信的发现仍然是考古中的例外。我想说的是，完善的科学和方法论，加上机遇和一点运气的良性帮助，永远不会有坏处。

埃蒂·博恩-穆勒

米尔登霍尔宝藏

有时，古代杰作的“偶然发掘”既涉及发现，也包含欺骗。米尔登霍尔宝藏可能就是这样的，一个装有34件4世纪罗马盘子和器皿的秘藏，只是我们可能永远也不会知道事实的真相。

这个广为流传的故事的主人公是一个名叫戈登·布彻（Gordon Butcher）的“普通人”，他是悉尼-福特公司（Sydney Ford）所雇用的一名农夫。1942年1月，传说他正在萨福克郡（Suffolk）米尔登霍尔弗雷德·罗尔夫（Fred Rolfe）所有的一块田里犁地。由于这块地即将要种上甜菜，这位农夫便犁得比平常更深，结果犁碰到了一个大银盘。

布彻不知道该怎么办，便去找他的老板福特，一位有名的古文物研究者。他们一起挖出了宝藏。其中最大的一件是一个直径为60.5厘米，重8.256千克的盘子，上面装饰着酒神巴克斯（Bacchus）、大力神赫拉克勒斯（Hercules）还有潘神（Pan）饮酒的场景。在内层的装饰环带上，骑着神秘海洋生物的海妖或海仙女环绕着俄亥阿诺斯（Oceanus，海洋之神）的头部，俄亥阿诺斯的头发上装饰有海豚，胡须上装饰有海草。第二大的盘子直径为55.6厘米，装饰有深色硫化银几何图案，与抛光的银表面形成对比。其他的物件包括装饰有潘神和酒神女祭司们的银盘子，一个布满半人马和野生动物的盖碗，带凸缘的碗，长柄勺以及汤匙，有三个带有基督教符号“十字”（Chi-Rho）和“起点和终点”（Alpha-Omega）。

尽管福特以古董专家而闻名，但他告诉布彻他认为这些物件是锡制的，并把它们都带回家了。在战争期间，福特整理了这些物件并清除了上面的腐蚀部分。他把其中的一些放在壁炉上，可能没有认识到它们的价值。

1946年，也就是在发现宝藏的4年之后，白金汉郡（Buckinghamshire）议员、古物学家休·福西特（Hugh Fawcett）博士拜访了福特并看到了它们。福西特认为它们很重要，就把一部分带到了大英博物馆，在那里专家们鉴定出它们是4世纪的罗马银器。1946年7月，这些珍宝被博物馆收藏并展出。

也许米尔登霍尔宝藏是在4世纪晚期被埋下的，当时撒克逊人正威胁着英国。但事实果真如此吗？这些碎片都没有显示出被犁损坏的痕迹，如果布彻的描述属实，肯定会留下划痕。1946年7月，考古人员在福特表示发现宝藏的地点进行了一次挖掘，没有发现任何遗迹或人工制品。有迹象表明，它们是在其他地方被发现的，可能是在北非，然后被米尔登霍尔空军基地的飞行员偷偷带回来的，该基地靠近其可能被掩埋和之后被“发现”的地方。有些人也想知道，福特拿走这些财宝是完全无辜的，还是他想隐瞒布彻将财富占为己有，这些问题的答案可能永远不会为人所知。

最近，另一种担忧出现了。大英博物馆获得了全部宝藏吗？还是福特保留了一些物品？2002年，94岁高龄的杰克·汤普森（Jack Thompson）说，福特让他清洗了一个12.7厘米高、有四条腿的高脚杯。博物馆里并没有这样的藏品。此外，1942年至1946年间拍摄的一张照片似乎展示了另一件银器，就搁在福特的壁炉上，目前下落不明。

毫无疑问，米尔登霍尔宝藏是古代晚期很有价值的发现。有人猜测它甚至可能属于卢皮奇努斯（Lupicinus），一位朱利安大帝（360—363年）统治时期在英国服役的将军。但在它被发现大半个世纪后，宝藏仍然笼罩在神秘之中。

（马克·罗斯）

第242页图　这个出自米尔登霍尔宝藏的大圆盘上面有酒神主题的浮雕装饰（伦敦大英博物馆）。

第244—245、245页 下图 出自米尔登霍尔宝藏的两个大银盘，在其边缘装饰有一列真实而奇特的动物。其中心的圆形浮雕上，一个猎人正与一只熊搏斗（伦敦大英博物馆）。

上图 这张家庭成员的照片是在悉尼·福特的家里拍的。在这张照片背景中的家具上可以看到出自米尔登霍尔宝藏的一些盘子。

第246—247页图 这只来自米尔登霍尔宝藏的碗盖边缘有酒神主题的浮雕设计，顶部有一个特里同（Triton）的小塑像（伦敦大英博物馆）。

第247页图 这些盘子上带有反复出现在米尔登霍尔珍宝上的酒神主题装饰。酒神的两位女祭司在萨蒂尔（Satyr）和潘神的陪伴下跳舞和奏乐（伦敦大英博物馆）。

萨顿胡：

盎格鲁-撒克逊的船葬

“这里怎么样？”当土地所有者伊迪丝·普雷蒂（Edith Pretty）被考古学家巴兹尔·布朗（Basil Brown）问及到哪里去挖掘时，她回应道。在访问了埃及之后，普雷蒂对考古学产生了兴趣。她的地产上有几座土丘，且在前一年，也就是1938年，她已雇用布朗来调查它们。他挖掘的三座土丘已经被洗劫一空，但仍然收获了一些富有墓葬留下的诱人遗物：青铜器碎片、镀金的青铜盾饰、一个银扣和银制镀金饮角杯支架。于是，在1939年，普雷蒂选择了最大的土丘来继续发掘。

布朗清理了土丘的上层，发现了铁铆钉和木板的痕迹，这是一艘保存在砂土中，长27米的船的“幽灵”。其中心部分是一个船舱的遗骸，可能是用于葬礼。随后，剑桥大学的专家们对它进行了挖掘，他们发现的是一位盎格鲁-撒克逊国王的安葬地点。

早期的盎格鲁-撒克逊时期被认为是一个“黑暗时代”。410年，罗马军队从不列颠撤退，到450年，入侵的盎格鲁人、撒克逊人和朱特人（Jutes）越过北海，占领了英格兰的东部和中部。到6世纪末，他们已经建立了7个王国：莫西亚（Mercia）、诺森布里亚（Northumbria）、东盎格鲁（诺福克，Norfolk）、东盎格鲁（萨福克，Suffolk）、韦塞克斯（Wessex）、肯特（Kent）和苏塞克斯（Sussex）。《盎格鲁-撒克逊编年史》（*Anglo-Saxon Chronicle*）以及《比德教会史》（*Ecclesiastical History of Bede*）中记载了他们之间不断发生的小规模战争，给人的印象是从以前罗马-不列颠人的文明方式倒退到野蛮状态。这是在这个被称为萨顿胡（Sutton Hoo）之前的看法，而萨顿胡的发现导致了对盎格鲁-撒克逊人艺术和财富的认识发生了根本性的变化。

这位国王带着其精心装饰的头盔、链甲、强大的斧锤、长矛、剑和盾牌进入了坟墓。他的头盔上有镀锡的铜箔嵌板，上面装饰着交错的动物纹饰以及英雄场景。宝剑有一个黄金和石榴石制的圆头，金护手，缠有金银丝的剑柄。挂剑的宽腰带上有一个巨大的三角形金扣（412.7克），上面同样也装饰着交织在一起的动物纹饰。镶有石榴石的铰链式金色肩搭扣上挂着一件皮大衣。

这位统治者的财富和权力集中体现在一个皮包和一个被认为是权杖的独特物品上，前者那镶有珠宝的盖子还保留在上面。皮包里装有37枚梅罗文加王朝（Merovingian）的金币，外加3块毛坯和2块钢坯（这些钱币和坯料可能是给40名桨手和舵手的，他们将死去的国王运送到来世）。“权杖”是一把长的、有四个面的磨刀石，两端有雕刻的脸孔和青铜配件，顶端是有鹿角的铸铜赤鹿。代表着王室规格的盛宴及娱乐的器具有：枫木瓶、饮酒瓢、带有银质和银质镀金配件的胡桃木杯、铜吊碗和大锅，还有枫木七弦琴，琴上有镀金的铜配件和石榴石镶嵌。一个铜制科普特（Cpotic）碗和16件银器，包括直径为72.4厘米的盘子，都来自地中海东部的作坊，可能经由欧洲到了梅罗文加家族，然后传到了英国。一些银器上的十字架和铭文可能与基督教有关，但无法确定。

这位被葬在萨顿胡的人最有可能是雷德沃尔德（Raedwald），东盎格鲁国王，死于624—625年间。这位国王丰富而精美的墓葬物品，以及那些有关国际联系的证据，反映了盎格鲁-撒克逊时代远没有人们想象的那么“黑暗”。2003年在普利特尔韦尔（Prittlewell）发现的王室墓葬以及新发现的斯塔福德郡（Staffordshire）秘藏使那个时代更加明朗了。

（马克·罗斯）

第248页图 萨顿胡船葬是在20世纪30年代被发掘和拍摄纪录的。

第250、251页图 这顶头盔在萨顿胡被发现时已经碎成了500块。一旦修复，就有希望修复那些复杂的装饰，包括带有动物形象的嵌板和以浮雕呈现的战斗场景。早期的修复（下图）把托腮板放得太低了（伦敦大英博物馆）。

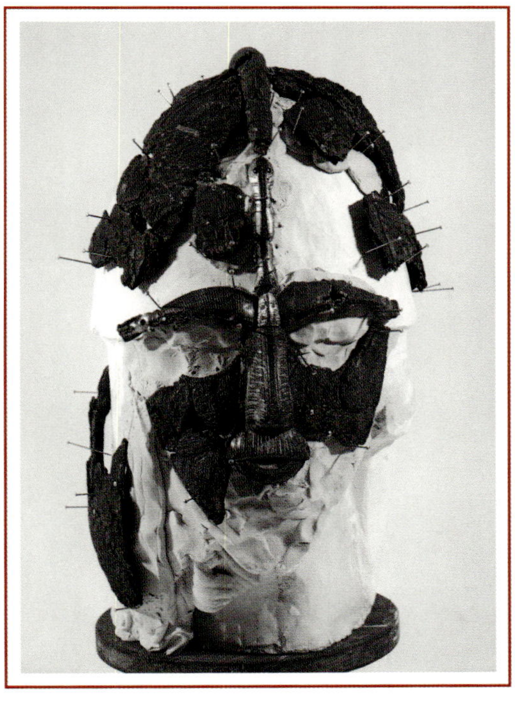

上图　这个华丽的金扣是萨顿胡船葬中一位高层人物遗体的陪葬品。其表面是盘绕在一起的蛇形复杂设计（伦敦大英博物馆）。

第252—253页图、253页 上图　这些在萨顿胡船葬中发现的肩扣是用来固定死者穿的皮甲的。它们以精致的珐琅装饰为特色，同时带有几何图案的嵌板，边缘有动物图案，而其弯曲的部分则表现了两头相连的野猪（伦敦大英博物馆）。

斯塔福德郡秘藏：

盎格鲁-撒克逊人的黄金

2009年7月5日，业余考古学家特里·赫伯特（Terry Herbert）取得了一项令他毕生难忘的发现。他在英国斯塔福德郡的农田里用金属探测器四处搜寻时，发现了迄今为止最大的盎格鲁-撒克逊宝藏，出土了近1700件物品，黄金总计超过5千克，其中许多都镶嵌着美丽的石榴石。

斯塔福德郡秘藏之所以重要不仅在于它的规模，还在于它里面的珍贵文物，那些被这座宝藏排除在外的物品也同样值得关注。宝藏内所有可辨认的物品大都来自男性的战争装备：86个来自剑或刀（短柄单刃剑或刀）的圆球柄头，135个剑柄，以及头盔的碎片。里面还有四五个黄金十字架。其中最重要的一件是一块刻有拉丁语《圣经》铭文的黄金带状物，摘自《民数记》第10章35节或《诗篇》第68章1节，上面写道：“耶和华啊，求你反抗，使你的仇敌四散。愿恨你的人，从你面前消失。”

这些物品上精致而昂贵的装饰表明，它们是为盎格鲁-撒克逊社会的最高阶层而设计的，但是这里没有代表男性装束的佩饰或大三角扣，也没有体现女性装束的服饰配件、胸针或吊坠。与萨顿胡和普利特尔韦尔的盎格鲁-撒克逊王室墓葬不同，这里没有家具、日用品或硬币。

在其历史背景之下，考古学家们正在为斯塔福德郡秘藏的特殊构成——几乎完全是男性的战争装备——寻找一种解释。这座宝藏似乎可以追溯到7世纪，当时许多王国处于长期战争状态，互相竞争，基督教的传播也发生在同一时期。确

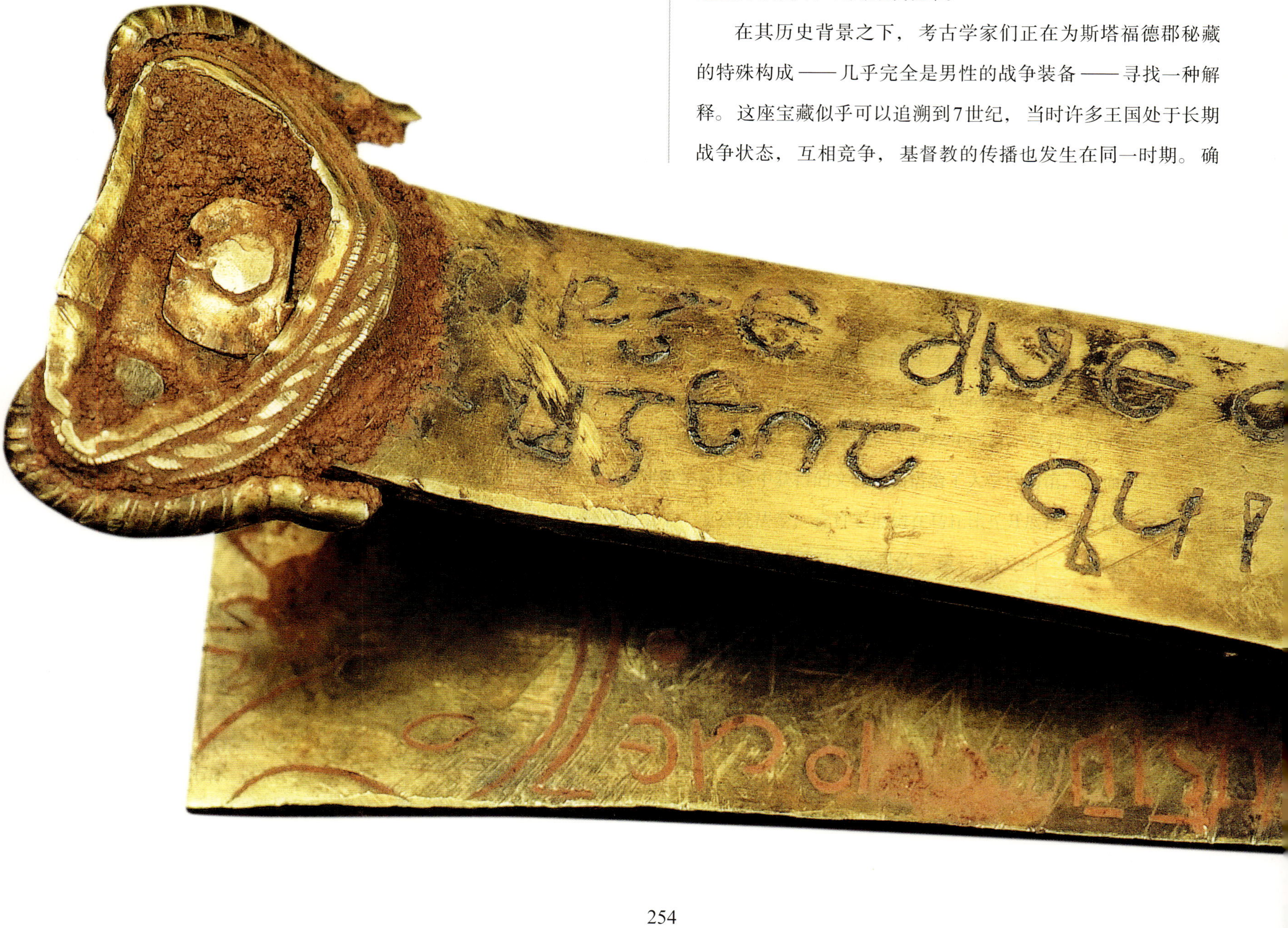

第254—255页图 这枚刻有《圣经》经文的带状物是斯塔福德郡秘藏中发现的重要物品之一。从刻字风格来看，这件物品可以追溯到8世纪或9世纪（伯明翰博物馆和美术馆）。

右图、下图 斯塔福德郡秘藏中的许多物品都是黄金制成的，还饰有珐琅、石榴石。这件圆柄头（右图）和柄身（下图）上的一些装饰是这些军用物品中最精致的（伯明翰博物馆和美术馆）。

切的日期无法确定，但其铭文、动物装饰风格以及它与萨顿胡发现的相似之处都指向了650—700年。秘藏的发现地点靠近盎格鲁-撒克逊人王国莫西亚的中心，当时莫西亚在包括彭达（Penda）、伍尔夫希尔（Wulfhere）和艾塞雷德（Aethelred）等一系列国王的统治下积极扩张，与邻国诺森布里亚和东英格利亚（East Anglia）交战。

秘藏中的十字架也许提供了一个线索。其中最大的可能是祭坛或游行用的十字架，必须折起来才能放进秘藏中。这座秘藏也许是异教徒埋的吧？彭达是莫西亚最后一位异教徒国王，众所周知他在633年的战斗中打败并杀死了东英格利亚的基督教国王埃德温（Edwin）。但在这一时期，基督徒也会互相掠夺圣地，所以这种联系是无法证实的。

大部分金银物品都是被有意从原来的物件，尤其是剑上，剥离下来的。但如果只是为了黄金的价值而取走它们，这里也会像萨顿胡一样藏有昂贵的剑带配件。也许斯塔福德郡是一个战利品贮藏地，剑刃被再次安装和使用了。然而，如果是这样，就很难说这些宝藏是一次战斗所获，还是某个人漫长而成功的军事生涯的战利品。

最终，我们无法说清宝藏的最初所有者是谁，谁从他们手中夺走了它，他们又是为什么、在何时埋葬了它。从这个角度来说，斯塔福德郡的秘藏仍然是个谜。

但是，正如20世纪30年代萨顿胡的发现迫使当时的考古学家重新审视那个时代，改变认为其黑暗落后的看法，而斯塔福德郡秘藏则表明，我们还低估了7世纪盎格鲁-撒克逊社会的财富和艺术才能。

（马克·罗斯）

迷途的山羊：

《死海古卷》的发现

20世纪伟大的发现之一，《死海古卷》，是已知最古老的希伯来《圣经》副本，是在没有考古学家介入的情况下取得的。1947年，为了一只走失的山羊，一位名叫穆罕默德·埃德-迪卜（Muhammad ed-Dib）的年轻贝都因人去攀爬死海附近朱迪亚沙漠（Judean Desert）中的悬崖壁。中途，他的注意力被崎岖不平的石灰岩表面的一个不寻常的洞口所吸引。随着故事的发展，埃德-迪卜很好奇洞穴的黑暗深处会存在什么，于是他往里面扔了几块小石头。石头并没有落在地面上那样砰的一声，而是发出了刺耳的叮当响。出于好奇，他竭力辨认出了几个圆柱形陶瓷罐的轮廓。然而，这些东西把他吓坏了。由于害怕沙漠神灵或幽灵会栖息在洞穴里，他离开了，怕得甚至不敢召集他的羊群。

第二天，他同他的塔米雷赫（Ta'amireh）部落同伴一起回到了那里，这些部落的人希望罐子里能装满金子和其他财宝。相反，一些罐子是空的，而另一些罐子里却装着一堆破布，用棕色皮革包裹，里面又紧裹着写有希伯来文、亚拉姆文（Aramaic）和希腊文的羊皮纸手稿，他们一个字也看不懂。虽然贝都因人对这些发现感到失望，但他们保存了找到的七卷，并带着这些古卷走了好几个星期，最后来到耶路撒冷，希望把它们卖给当地一位名叫哈利勒·伊斯坎德尔·沙欣（Khalil Iskander Shahin）、也称“坎多”(Kando）的古董商。坎多同样对这些发现不以为然，据报道，他把它们丢在了邻近鞋店的地板上，希望至少能用这些皮革来修补鞋子。但有一天，经过仔细观察，他开始对纸上的文字感到好奇，并把它们带到了耶路撒冷叙利亚教堂的圣马克（St. Marks）修道院。在这次秘密访问之后，他开始相信这些古卷可能比他之前认为的更有意义。于是，坎多雇用了一个朋友乔治·以赛亚（George Isaiah），回到洞穴里非法搜集了更多的东西。最终，他们告诉了叙利亚当局，随后当局就对这些洞穴组织了一次考古探险。

与此同时，坎多与希伯来大学的犹太学者埃利埃泽·苏克尼克（Eleazar Sukenik）教授取得了联系，他被认为是第一个觉察到这些古卷潜在价值的人。1947年11月，苏克尼克购买了其中三卷。他想要多买一些，但是坎多已经将其他四卷以24英镑卖给了圣马克的叙利亚大主教塞缪尔（Mar Athanasius Yeshua Samuel）。塞缪尔明智地把他买到的东西带到了约旦耶路撒冷美国东方研究学院的约翰·特雷弗（John Trever）那里，由他给这些东西拍了照。特雷弗、威廉·布朗利（William Brownlee）和该院院长米勒·伯罗斯（Millar Burrows）一起，辨认出了这些古卷的年代和内容。特雷弗咨询过的考古学家、铭文学家威廉·奥尔布赖特（W. F. Albright）证实，它们出自希律王（Herod）时期。这一发现于1948年4月12日向全世界宣布。

在接下来的几年里，在当地又发现了另外10个洞穴，并对其进行了调查，出土了其他古卷。随着这些文本被越来越多的人看到、阅读和得知，人们对它们的研究兴致，以及关于它们的辩论也加剧了。迄今为止，有900个可追溯到公元前3世纪到1世纪的文本被发现。直到几年之后，也就是1988年至1991年间，古卷才向公众开放。

《死海古卷》的历史可以追溯到拿撒勒的耶稣（Jesus of Nazareth）在世的时候，比任何其他已知的《圣经》文本都要早近1000年。一些学者认为古卷是由一个犹太宗教教派中一名男性成员写就的，这个教派被称为“艾赛尼派”(Essenes)，他们住在昆兰（Qumran），是古卷附近的一个居民点，繁荣了近70年，直至31年地震发生，而后又延续到68年，希律王在位期间的一段动荡时期。另一些人则认为，它们是在其他地方被书写的，在一次严重危机时被藏在了洞穴里。

（埃蒂·博恩-穆勒）

第256页图 一只淘气的山羊在这崎岖的朱迪亚沙漠悬崖壁上徘徊，令好奇的贝都因人跟着它在一个暗洞中发现了《死海古卷》。

上图 《死海古卷》用皮革包裹，并被塞进了圆柱形陶瓷罐中，如本图所示。仅在第一个洞穴就有10个被发现（耶路撒冷以色列博物馆）。

下图 这卷圣殿古卷（Temple Scroll）是以色列考古学家、将军伊加尔·亚丁（Yigael Yadi）在1967年六日战争期间从耶路撒冷古玩商坎多手中获得的。坎多把古卷藏在鞋盒里已有10年之久（耶路撒冷以色列博物馆）。

第259页图 1956年，在耶路撒冷的希伯来大学，德国教授詹姆斯·比伯克劳特（James Biberkraut）展开了在1号洞穴中发现的最初七卷古卷中的最后一卷，其中包含了《创世启示录》（*Genesis Apocryphon*）。

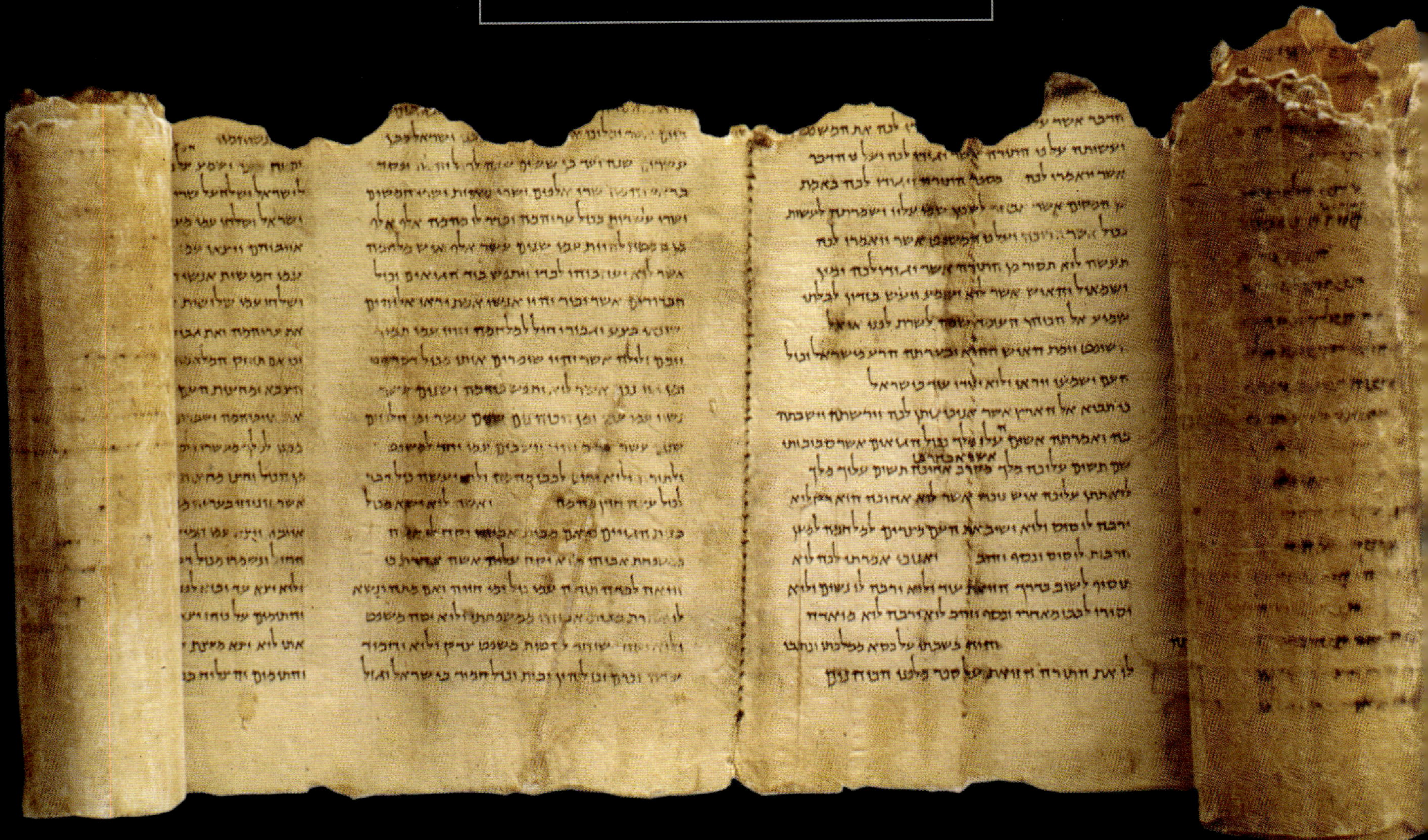

中国第一位皇帝的兵马俑

有着2200年历史的中国第一位皇帝秦始皇的兵马俑被誉为“世界第八大奇迹”，其于1974年3月在陕西省被发现，这是考古历史上令人印象深刻的事件。这一令人难以置信的遗迹是由为了寻找水源在挖井的农民们偶然发现的，他们在土中意外地发现了巨大的陶器碎片。

消息很快就传开了，到了7月，考古学家们已经开始正式的发掘工作。在接下来的几年中，成千上万个真人大小、出奇逼真的兵俑，连同他们的马匹、车辆和装备从3个巨坑中出土，总共占地达22,000平方米。整个墓地，包括被认为是这位帝王陵墓的土堆，占地面积56,000平方米。这些非凡的发现揭开的是这位皇帝惊人的财富和权力的有形遗存，单凭他的名字和声望就足以让他活过千年。尽管发现的过程并不起眼，但古都西安兵马俑的发现的确是20世纪非常有纪念意义的事件，全世界仍在屏息以待，期待会从土地里挖出什么。

在公元前247年，父亲去世后，嬴政9岁就登上了秦国的王位。起初，他在母亲和重要大臣的帮助下统治国家。然而，在他20岁出头的时候，他真正掌权，并开始通过充满血腥的残酷战争来征服古代中国当时存在的另外6个国家——齐国、楚国、燕国、韩国、赵国和魏国。在随后的几年里，他继续开拓大片的疆土，东至长江流域，南至越南地区。公元前221年，在其最终大获全胜后，他宣布自己为大一统秦国的“第一位皇帝”，即“秦始皇帝”。

多年来，他一直控制着令人印象深刻的广阔领土，它包括36个郡，这些郡又进一步划分为县和乡，由文武百官通过中央集权制度进行管理。从某些方面来说，他是一位伟大的统治者，他集中了政权，废除了封建分封制度，且修建了包括驰道和运河在内的重要基础设施。他在帝国北部边境建造防御系统，以抵御游牧民族的入侵，从而建造了真正意义上的长城。但他也以无情和残忍而闻名。

据信，秦始皇陵的建造由近75万人花费大约35年的时间才完成。当它完工时，那些参与设计和建造的人们据说被活埋在里面。

秦始皇真正的陵墓尚未被发掘。它位于近50米高的土丘下，距离兵马俑约1.5千米。根据传说以及书面记载，包括公元前1世纪历史学家司马迁记述的史料，秦始皇于公元前210年去世时被安葬在一座再现了整个宇宙的坟墓里。奢华的地宫诠释了天地，连同那宫殿和建筑物的模型，被鲸油灯照亮，永不熄灭。在灯光的映衬下，点缀在天花板上的明珠闪闪发光，代表了星辰，环绕着玉饰和绿色的羽毛。地上流淌着由机械驱动的水银，象征着伟大的长江、黄河以及海洋。研究人员采集的土壤样本已经证实了汞元素的存在。描述中称，陵墓被围墙、宝塔、寺庙和行政建筑包围。据说，坟墓上安装了自动弩，以阻止盗墓者的行动。

守卫这个令人印象深刻的地宫的是现在著名的兵马俑，由人俑和马匹组成，象征意义上陪伴他们无畏的领袖走向辉煌的来世，这位帝王相信，他的来世仍然享有他生前的财富和威望。考古学家们已经对3个坑进行了部分挖掘，每个坑大都在地下5—7米处，里面满是令人惊叹的陶俑。每个坑的布局基本上一样：立在陶砖铺就的道路上的这些人像，由夯土墙隔开，上面盖着一层木椽，其上盖着纤维垫、砖和泥土。但这些坑的内容却各不相同。

1974年，考古学家们挖掘出了一号坑的一部分，这是3个坑中最大的一个，是由挖井工人发现的。占地约14,000平方米的矩形战壕里驻扎着军队的主力步兵，其中许多人手里紧握着真正的青铜武器。这个坑只有三分之一被挖掘出来，但据估计它应该有大约6000个战士和马匹的陶俑。两年后，考古学家们开始调查L形的2号坑，那里驻扎着列着复杂战斗阵型的专业军队，包括弓箭手、战车和骑兵。战车是木制的，现在已经腐

第260页图 尽管只有大约三分之一的兵马俑被挖掘出来，但据信西安一号坑里有大约6000个兵马俑和40辆战车。

上图 秦始皇死后几年，项羽放火烧毁了皇帝的宫殿和墓葬，导致顶部坍塌，兵马俑受损。

第262—263页图 20世纪70年代，中国考古学家们在一号坑作业。从这个地方出土的大部分陶俑是步兵。一号坑东西长230米，南北长62米，总面积超过14,000平方米。

烂，上面还有御者。骑兵每个人都站在备好的马前，右手握着缰绳，左手拿弓。同一年，考古学家们发掘出了U形3号坑。尽管它是3个坑中最小的一个，只有520平方米，但它代表着“指挥总部”，拥有68名仪仗俑和一辆由4匹马拉着的战车。研究人员统计，这些坑里总共出土了大约8000个兵马俑。

整个幽灵军队被分成低级、中级和高级士兵。战士们位于皇帝陵墓的东面，永远面向东面，背对着陵墓，似乎随时准备在入侵者或盗墓者出现的第一时间发动攻击。

这些陶俑是由预制的、可互换的用黏土制成的身体部件构成，这些黏土经过了仔细的筛选、清洗，再与石英砂结合，以达到统一的外观。虽然这些男性和马匹的头部、手臂和躯干都是中空的，但他们的腿是实心的，这样这些陶俑就能很好地保持平衡。然而，每一张脸都是用特制的工具分别雕刻的，所以没有两张脸是一样的。工匠们的名字被刻在雕像的长袍、腿部或盔甲的背面，现在已知的大约有80个。虽然这些陶俑现在看起来有一个非常相似的外观，但他们在最初被涂上了各种各样的颜色，有蓝色、绿色、粉红色、朱红色和白色。

自20世纪90年代末以来，在新发现的坑中进行的挖掘又揭开了一些其他惊人的宝藏，包括120套石制盔甲和9顶石制头盔；一组有趣而富有表现力的陶俑，它们很可能是皇帝宫廷里的杂耍演员；一群代表中阶文官的男子，腰间绑着刀具和磨刀器，这些利器被用来在木头或竹子上刻字；还有一个F形坑，里面装满了青铜鹤和鹅，它们被固定在底座上。

秦始皇晚年痴迷于追求长生不老，他认为长生不老的秘密就在传说中的蓬莱、方丈和瀛洲这三处神仙居住的地方。尽管他从未找到那个充满希望的地方，但当他在50岁时去世时，他留下的遗产无疑赋予了他新的生命。

（埃蒂·博恩-穆勒）

第264—265页图 兵马俑高约1.8米，其表层最初涂有一系列鲜艳的颜色。在一号坑里，他们被放置在由黏土砖制成的地板上，在夯土墙之间排成战斗队形。整个墓葬设置了一个复杂的地下管道和排水系统。

第266页图 兵马俑是由当地的黏土制成，在950到1050摄氏度之间烧制而成。它们的重量从110到300千克不等。

上图 每个士兵的军衔体现在服装上。像图上这样的骑兵都穿着紧身的衣服，下巴系着头盔的绑带，这是理想的骑马服装，其上可以披一件飘逸的长袍。

第268—269页图 许多兵马俑都拿着真正的青铜武器，比如镀有0.6%到2%铬的双刃剑，以保护它们免受腐蚀。

第270页图　在秦始皇陵以西的一个坑里，考古学家们发现了两组青铜战车和战马，每一组的大小都接近胸像。它们于1978年至1980年间出土，最初被埋在一具大木椁中，后来木椁腐烂了。

上图　这辆“舒适的战车”在车厢里有菱形的通风孔，保证了凉爽的乘坐体验。虽然这个坑没有被盗过，但战车被发现之时已碎成3000多片，历时8年才得以复原（秦始皇兵马俑博物馆）。

第272—273页图　兵马俑的身体部分是大规模生产的，但他们的面部特征是用特制的工具手工雕刻而成的。包括这名士兵和军官在内，没有两个陶俑的脸是相同的（秦始皇兵马俑博物馆）。

水下的希腊杰作：

里亚切青铜像

当业余水肺潜水员斯特凡诺·马里奥蒂尼（Stefano Mariottini）在意大利东南部临近里亚切海底瞥见一只伸出海面的手时，他起初担心自己有了一个可怕的发现。这位来自罗马、正在附近的雷焦卡拉布里亚享受着1972年夏天一段休假时光的化学家很快就发现，这只手实际属于一座青铜雕像。之后意大利考古当局迅速打捞上来两尊雕像。

这两件无与伦比的作品在20世纪于意大利找到的伟大的古典希腊艺术杰作中显得尤其突出。它们的与众不同不仅因其精美的细节和精湛工艺受到认可，还来自它的稀有性，因为大多数青铜制品在古代都被熔化了，以使这些珍贵材料重复利用。这两尊雕像比真人还大，之后被研究人员随意冠以“A”和“B”编号，它们增进了我们对古典青铜雕塑的了解，可以说在此之前我们对古典青铜雕塑的认识主要来自罗马大理石复制品。

这两尊裸体男性雕像高约2米，胸肌起伏，双腿纤细，被认为是武士或神灵的代表。他们也被广泛认为是一组更大群像的一部分，也许是为了纪念一场军事胜利而曾矗立在希腊奥林匹亚或特尔斐（Delphi）。他们那闪闪发亮的眼睛由玻璃和骨头（或许是象牙）镶嵌，睫毛和牙齿是银制的，乳头和嘴唇有一层红铜。这两个蓄胡须的人像都曾持有武器和盾牌（现在不见了），只有雕像B戴着头盔，被认为描绘的是一位比雕像A年长的男性。有些人认为A可能在浓密的卷发上戴了一个花环。

里亚切的青铜雕像是如此精美，以至于学者们认为它们是由著名的希腊雕塑家和建筑师菲迪亚斯（Pheidias）制作的，他负责了雅典卫城上帕台农神庙（Parthenon）的装饰工作。这两件雕像铸于公元前460年至前430年间，一直被埋在9米深的海中，运送它们的希腊船只可能经历了一场暴风雨。然而，由于船只的残骸从未被找到，学者们推断，这些雕像可能被故意丢下以减轻船只的载重。

然而，还有一个更大的谜团围绕着这一发现。近年来，当地的“艺术侦探”朱塞佩·布拉加霍（Giuseppe Braghò）声称，这些雕像被捞出时其长矛和盾牌完好无损，甚至可能还有第三尊雕像。他以雕像打捞出水面那天的照片和音频作为证据，包括马里奥蒂尼于这项发现第二天发表的一则声明中提到的“一批雕像”，坚称其他部分被盗，且可能被洛杉矶保罗·盖蒂博物馆（J. Paul Getty Museum）收藏，这一指控被该著名美国机构断然否认了。

盖蒂博物馆网站2007年3月的一份声明如下：“最近几周，有媒体报道称，里亚切青铜雕塑上的部件（一个盾牌、长矛和头盔）可能目前存放在保罗·盖蒂博物馆。这个信息是错误的，应该得到纠正。这些被认为是里亚切青铜塑像一部分的物品，从未出现在盖蒂博物馆的收藏中。”次年，意大利文化部长弗朗切斯科·鲁泰利（Francesco Rutelli）对该遗址进行了新的调查，因为此前有报道称，一艘美国船只在雕像发现处附近的水下发现了一些金属碎片。

在1981年完成了它们的保护工作后，这两尊著名的里亚切青铜像分别在罗马、佛罗伦萨和米兰展出。那是它们最后一次离开卡拉布里亚。后来它们出现在信封上，这两尊青铜像展示在当年的一枚纪念邮票上，但它们的原件仍旧留在雷焦卡拉布里亚国家考古博物馆，每年吸引了约13万名游客。

（埃蒂·博恩-穆勒）

第274页图 被研究人员简单地称为“A”和“B”的这两尊精美的里亚切青铜像，让我们有机会领略到古希腊青铜制品的非凡工艺。在古代，这些青铜件经常被熔化，以便这些珍贵的金属能够被再次利用（雷焦卡拉布里亚国家考古博物馆）。

第276页图 雕像B是这两个人物中较年长的一位，曾戴着一顶头盔，头盔后仰，具有雅典武士的风格（雷焦卡拉布里亚国家考古博物馆）。

上图 1972年，当人们聚集在一起，见证在海底沉睡了2500年后、超过真人大小的里亚切青铜像被打捞出水面时，其兴奋之情难以言表。

考古学前沿

自1949年放射性碳年代测定法发明以来，科学的进步和新技术的发展使考古研究和调查发生了革命性的变化。在过去，发现的兴奋之情只能在该地通过几周或几个月的探险和发掘才能获得，但今天的考古学家可以获悉几千千米以外的遗址，且考古学的研究范围可以从分子到整个场景。

在我们的一生中，我们所吃的食物和接触到的物质会在我们的组织，包括骨骼和牙齿上留下它们的印记。今天，我们时常长途旅行，享用世界各地的食物，但在过去并非如此。这一简单的事实给考古学家们提供了一个有力的工具。例如，1909年，弗林德斯·皮特里爵士在埃及乌尔纳（Qurna）发现了一具十七王朝（公元前1641—前1539年）的王室木乃伊。这具年轻女子的木乃伊被包裹在一具精致的棺材里，戴着华丽的金项圈、金耳环和金手镯，腰带上还有精美的金银矿吊环和圣甲虫形宝石。其他陪葬物品包括6个努比亚（Nubian）陶罐。精心制作的墓葬、棺材上部分清晰的铭文以及墓葬地点都表明了她是一位王后。一些人拿这些陶器作为证据，认为她是努比亚人，在王朝联姻中嫁给了一位法老。但是对她遗体中锶同位素的分析证明，她是在埃及长大的，并非努比亚。

1991年，5300岁的“冰人”奥茨在阿尔卑斯山被发现，研究人员得出了更多的结论。这位冰人牙齿和骨骼的化学成分（氧同位素）表明，他年轻时大部分时间都待在海拔较低的山谷中，后来才生活在海拔较高的地方。研究人员发现，他牙齿里的锶-铅比率与现今意大利博尔扎诺（Bolzano）东北部的伊扎克山谷（Eisack Valley）最为接近，意味着那就是他小时候住的地方。但从科学的角度来看，最令人难以置信的发现是对他肠道中发现的云母微粒的研究。这些微粒大概来自于他用来研磨面包粉的石头，可追溯到大约1亿年前，正好与他的假定出生地50千米外温施高山（Vinschgau Mountains）上的这类石头的年代相吻合。

几十年来，我们收集的有关古代世界的信息之多，是考古学先驱们所无法想象的。霍华德·卡特在1922年就挖掘出了图坦卡蒙，但直到2009年，这位年轻法老的DNA，他的基因指纹才被成功提取并分析出来。尽管有关这些发现以及图坦卡蒙家庭成员的解释可能存在争议，但DNA研究已经开启了考古学的全新篇章。有趣的是，在图坦卡蒙身上发现了疟疾的遗传证据。在其他地方，研究人员正在从古代和历史人类遗骸中提取结核病（TB）DNA样本，并将其与现代导致结核病的细菌进行比较，以了解这一杀手的进化过程。DNA研究也在追踪记录着人类的进化过程，提供了人类迁移出非洲的证据，而今还为尼安德特人（Neanderthal）和现代人类基因库的混合提供了证据。

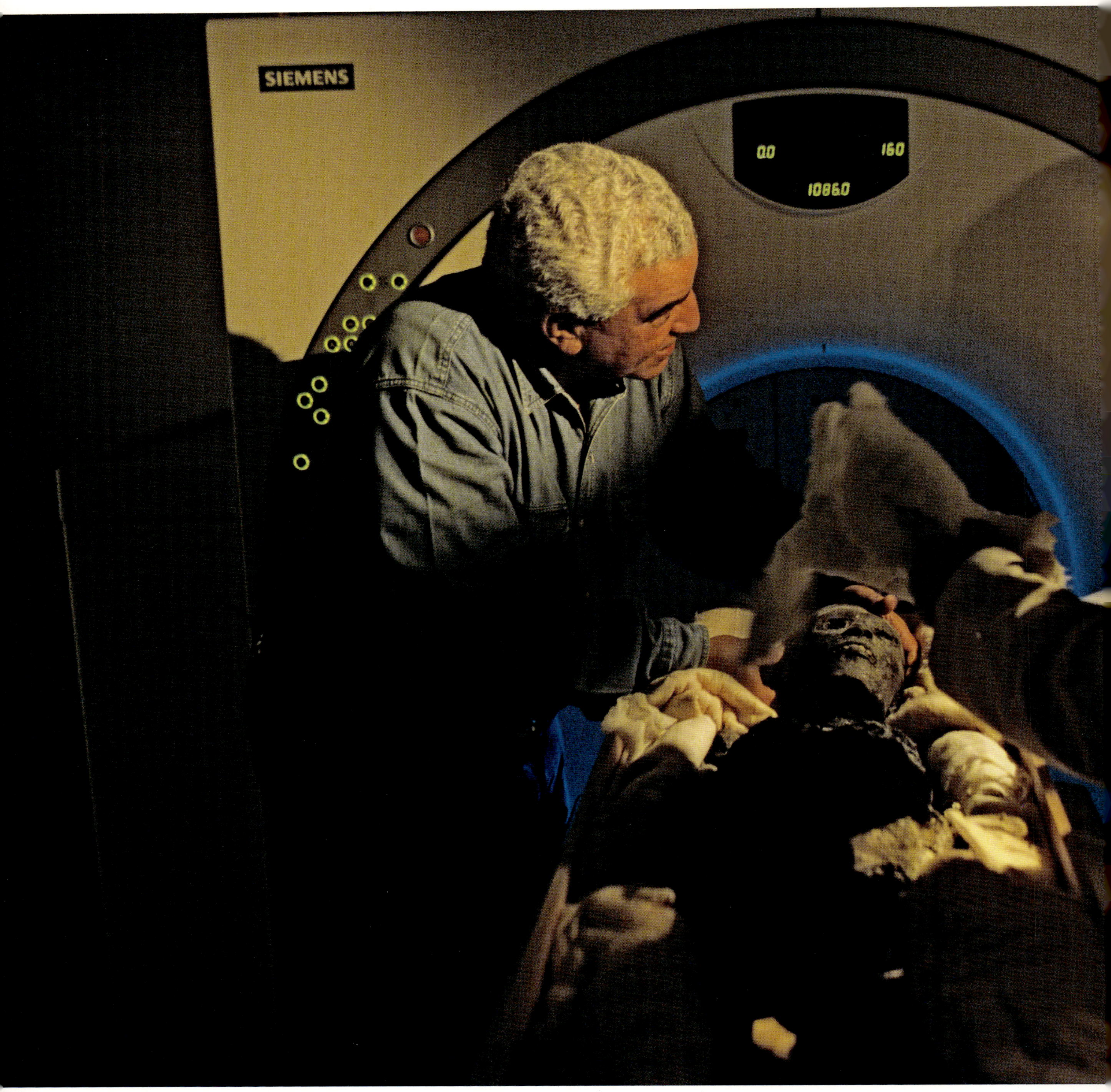

第280—281页图　2005年，图坦卡蒙的木乃伊在其陵墓外的实验室接受了CT扫描。扎希·哈瓦斯正在测试开始前协助技术人员。

此外，今天我们能够掌握一个遗址和其文物丰富而深入的相关知识，这是许多早期伟大的考古学家从未预料到的。1920年，第一位获得埃及学博士学位的美国人詹姆斯·亨利·布雷斯特德为东方研究所刚刚起步的博物馆购买了一具公元前8世纪的埃及木乃伊。打开木乃伊的演示在当时是很受欢迎的大场面，但他带回来的那一具却没有这样的命运，因为它的亚麻布和石膏面具上有很精致的图画。2009年，这具名为梅热萨姆的木乃伊在一个256层的CT扫描仪下进行了检测，成为有史以来首具接受如此先进技术检验的木乃伊。研究人员能够在无形中剥开她的棺材层、木乃伊包裹、皮肤和骨头，以揭示她的外貌信息——覆咬合和突出的颧骨，以及这位女祭司音乐家积极的生活方式。在长达1小时的扫描过程中，获得了大约300亿个单独的测量值，这些数据被用来创建她身体每一部分的三维数字图像。

成像也可以在更大的范围进行，利用光探测和测距（激光雷达）数字化地记录和保护考古遗址和历史遗迹，从而创建可以旋转并从任何角度观看的三维地图。对于大型古迹，如玛雅神庙，激光雷达可以记录下上千万的数据点，其坐标可以在1毫米内相互关联。对于面临环境退化甚至遭受地震等破坏的建筑物或其他结构，激光雷达提供了一种远比任何手工测量都要精确的记录，而且还比传统的方法快得多。从育空河（Yukon River）上淘金热时期蒸汽船的残骸，到复活节岛（Easter Island）上的巨型雕像，再到巨大的奥尔梅克（Olmec）石雕头像，再到12世纪土库曼斯坦（Turkmenistan）古城梅尔夫（Merv）的泥砖结构建筑，这种扫描技术现已在全世界范围内得到应用。

激光雷达不仅是研究遗址和古迹的宝贵工具，而且也可以为受冲突威胁的遗址提供最后的记录。它可能被用以数字化保存曾被塔利班摧毁的阿富汗著名的巴米扬佛像。

今天，考古学家们可以使用许多方法，不用挖掘，就能观察到土壤下面的情况。这些方法通常被称为地球物理勘探或简称为“物探”(geophysical prospecting)，与包括航空和卫星图像在内的“遥感”截然相反。地球物理勘探的结果可能是颠覆认知的，例如乔治亚州的一个主要的印第安人遗址

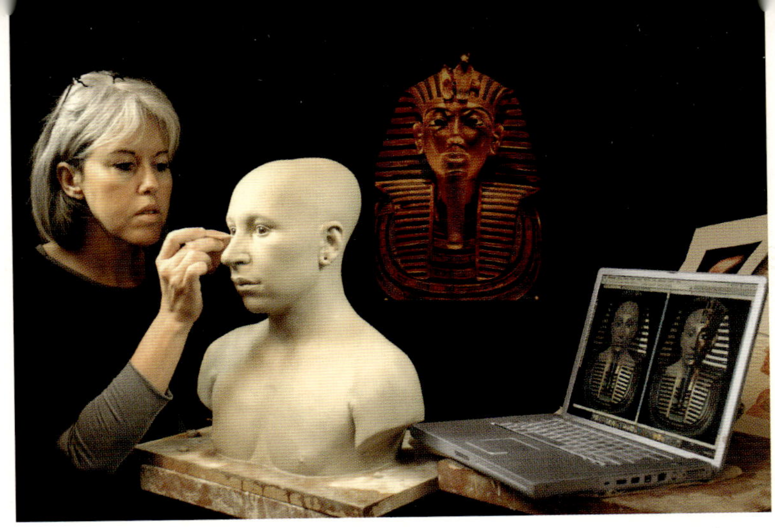

埃托瓦（Etowah），地下测绘工具使考古学家们全面修正其对该遗址的认识。约1000年至1500年，埃托瓦是密西西比（Mississippian）社会的首要聚居地，包括从东俄克拉荷马州（Oklahoma）到佛罗里达（Florida）北部的大部分陆地。该遗址上最大的土丘比一座6层楼还高。研究人员使用一套设备来测量地下磁力、密度与电气性质，他们使用便携式传感器，有些是手持的，有些通过轮式“雪橇”在地面上拖动，来了解土壤中的细微变化或异常。他们已经确认了总共140座建筑，从围绕小广场的密集房屋群，到一些非常大的建筑，包括一侧超过30米的一个结构。他们还发现，该遗址最大的土丘A之上至少有4个相当大的构筑物，还有一个庭院，可以追溯到1325年至1375年埃托瓦权力的顶峰时期。物探可以避免挖掘大量试验坑，将实际挖掘量降到最低，加快对遗址的准确解读，并降低考古勘探的成本。

在芝加哥大学东方研究所，“古代中东景观中心”（Center for Ancient Middle Eastern Landscapes，缩写为CAMEL）下属的一个团队，自1998年以来一直致力于数字化整合19世纪中叶至今的地形图档案，20世纪20年代、50年代的航拍照片，和诸如经过销密的美国间谍卫星图像等遥感数据，以构建一幅中东景观图。通过电脑，在该地区（从希腊到阿富汗再到非洲之角）工作或计划在那里工作的考古学家们可以清楚地看到一个遗址周围的区域在过去的几个世纪里发生了怎样的变化。这一信息对于这个自20世纪中期以来，地貌发生巨大变化的地区是至关重要的，因为机械化耕作技术、城市发展和现代战争已经掩盖了几千年来留存下来的遗址和特征。每一张合成图像都有无穷无尽的用途，包括在上面覆盖实时GPS数据的功能，因此，在实地使用平板电脑的考古学家实际上可以在该遗址或景观的图像上看到自己。

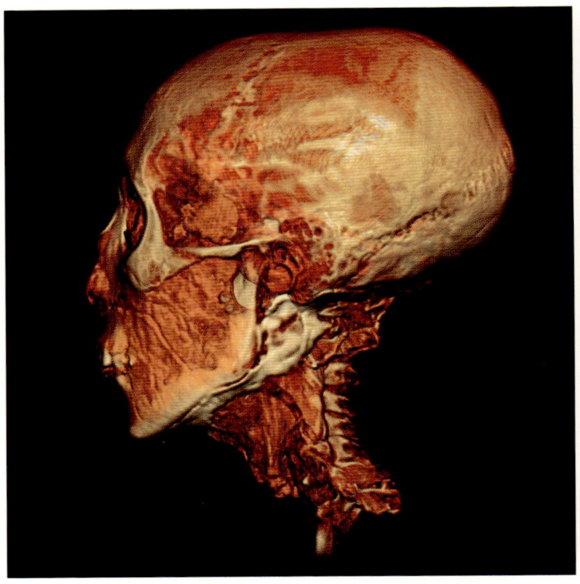

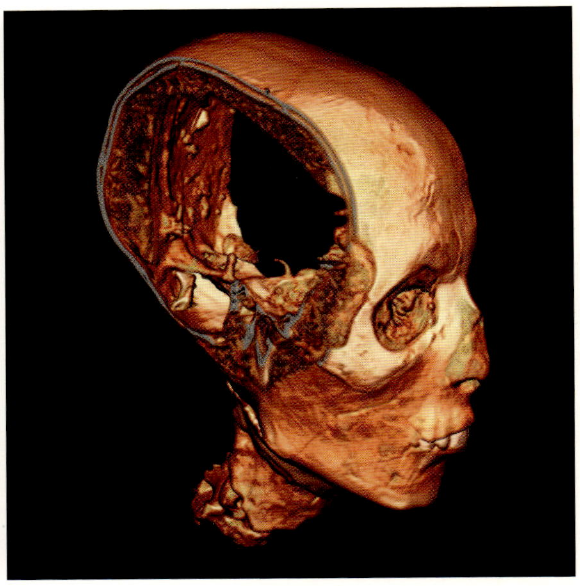

上图、第283页图 图坦卡蒙于公元前1323年去世，面部重建专家、世界知名的古生物艺术家伊丽莎白·戴纳（Elisabeth Daynes）根据这位年轻法老的木乃伊扫描结果对其脸部进行了重建。

中图 CT扫描图坦卡蒙木乃伊所得的计算机图像揭示了一些通过简单视觉分析难以获得的元素，比如腭裂。

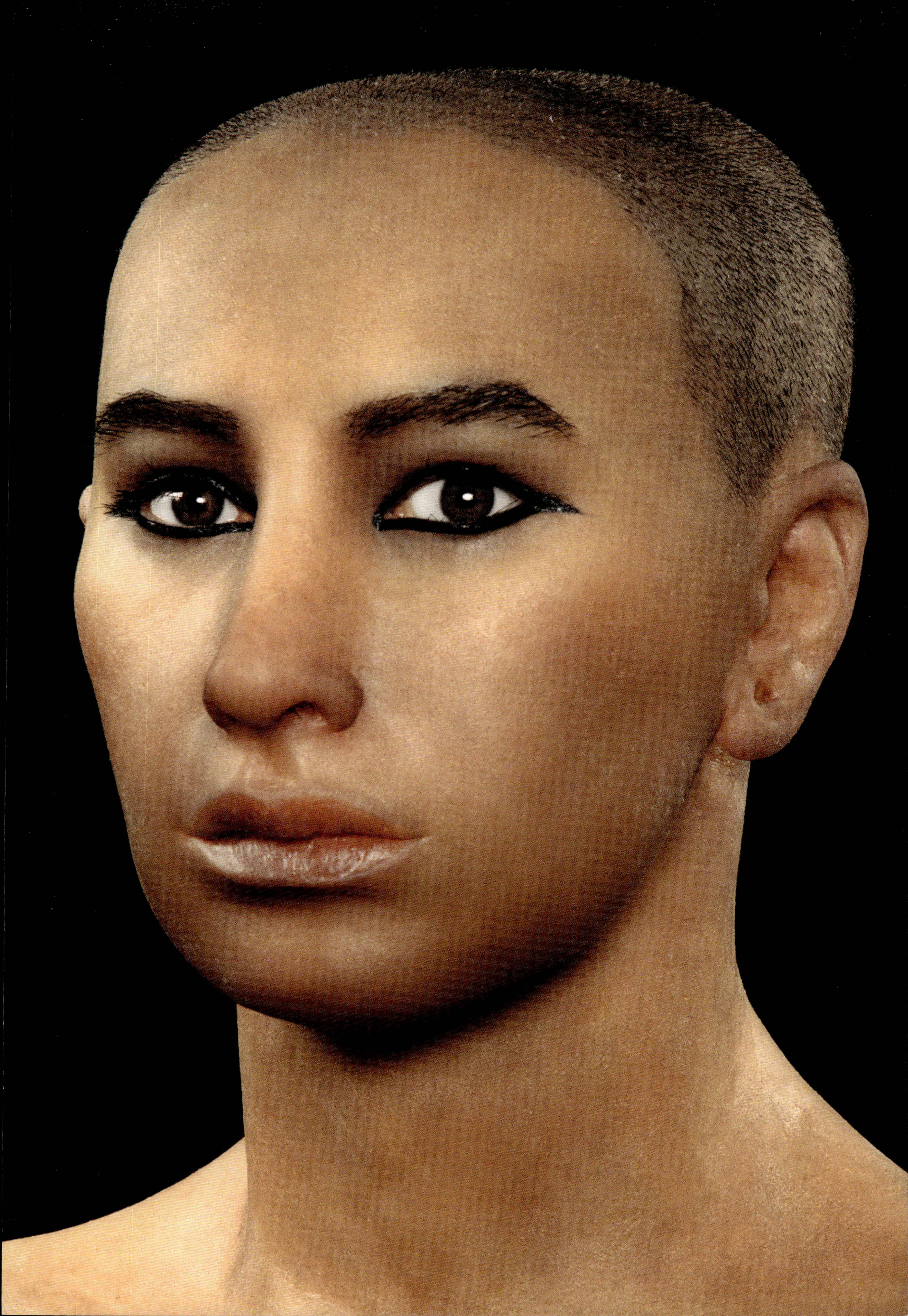

最后，还有深水考古。1912年4月14日，泰坦尼克号（RMS Titanic）在北大西洋撞上冰山沉没，这是世界知名的海上灾难之一。在2223名乘客和机组人员中，1517人溺水身亡。1985年，一支法国和美国的探险队用侧扫声呐定位了泰坦尼克号的残骸，并用一艘无人潜水器拍摄下了沉船残骸。第二年，探险家鲍勃·巴拉德（Bob Ballard）乘坐潜水器返回泰坦尼克号，这是抵达这个位于海底深处约3800米残骸的唯一途径。

巴拉德拒绝从泰坦尼克号上带回任何文物，因为他认为该残骸如同一个墓地。包括RMS泰坦尼克股份有限公司在内的商业公司确实追回了约6000件文物，这一做法颇有争议。巴拉德等人已经记录下潜水器或遥控飞行器（ROV）因操作不当，以及从桅杆上取下铃铛等关键部件对残骸所造成的损害。

泰坦尼克号案例凸显了技术的发展能使深海的残骸变得触手可及，还强调了将海难救助法应用于历史和考古遗迹存在的内在冲突。有道德的考古学家和商业打捞者毫无共同之处。后者夺走了残破的文物，然后在几乎没有研究或出版物支撑、缺乏适当的保护或策展工作的情况下出售它们。一项新的联合国教科文组织（UNESCO）公约也许为保护这类沉没的文化遗产提供了必要的国际框架。

马克·罗斯

第284—285页图 现代技术，比如通过扫描仪获取数字图像，是考古学家工作的重要组成部分。这里，由威廉·萨图尔诺（William Saturno）领导的一个团队正在对今天已知的最古老的玛雅壁画进行扫描。它于2001年在危地马拉（Guatemala）的圣巴托洛（San Bartolo）被发现，并被称为“玛雅西斯廷教堂”。

索引

Photo credits

Page 1 Archivio White Star
Page 4 D-DAI-ATH-Mykene 63
Page 6 Araldo De Luca
Page 9 Griffith Institute, University of Oxford
Page 13 Araldo De Luca/Archivio White Star
Pages 14-15 Thierry Olivier/Musée Guimet/Photo RMN
Page 20 The British Library
Pages 22-23, 23 The Trustees of the British Museum
Pages 24-25 M. Seemuller/De Agostini Picture Library
Page 25, 26 The Trustees of the British Museum
Page 27 Erich Lessing/Contrasto
Pages 28-29 Erich Lessing/Contrasto
Page 29 Heidelberg University Library, Austen Henry Layard, 1849, p. 59_T_030
Page 30 Erich Lessing/Contrasto
Page 31 Heidelberg University Library, Austen Henry Layard, 1853, p. Tafel_52
Pages 32-33 Heidelberg University Library, Austen Henry Layard, 1853, p. Tafel_02
Pages 34-35 Erich Lessing/Contrasto
Page 36 BPK/Archivio Scala
Page 38 top Photoservice Electa/Akg Images
Page 38 bottom, 39 BPK/Archivio Scala
Pages 40-41 Heidelberg University Library, Heinrich Schliemann, 1874, p. t_214
Page 41 Photoservice Electa/Akg Images
Page 42 Hulton-Deutsch Collection/Corbis
Page 43 BPK/Archivio Scala
Page 44 top The Pushkin Museum of Fine Arts
Page 44 center BPK/Archivio Scala
Page 44 bottom Photoservice Electa/Akg Images
Page 44 bottom left The Pushkin Museum of Fine Arts
Page 45 SSPL/Tips Images
Page 46 top Corbis
Page 46 bottom The Pushkin Museum of Fine Arts
Page 47 The Pushkin Museum of Fine Arts
Page 48 Alfio Garozzo/Archivio White Star
Page 50 Heidelberg University Library, Heinrich Schliemann, 1878, p. t_9
Page 51 Guido Alberto Rossi/Tips Images
Page 52 Hulton-Deutsch Collection/Corbis
Page 53 Giulio Veggi/Archivio White Star
Pages 54-55 Erich Lessing/Contrasto
Page 56 Agenzia Luisa Ricciarini
Page 57 G. Dagli Orti/De Agostini Picture Library
Page 58 BPK/Archivio Scala
Page 60 top BPK/Archivio Scala
Page 60 bottom BPK/Archivio Scala
Pages 60-61 BPK/Archivio Scala
Page 62-63 Erich Lessing/Contrasto
Page 64-65 BPK/Archivio Scala
Page 66 Hulton-Deutsch Collection/Corbis
Pages 68-69 Antonio Attini/Archivio White Star
Page 69 Erich Lessing/Contrasto
Pages 70-71 Massimo Borchi/Archivio White Star
Page 72 Livio Bourbon/Archivio White Star
Page 73 top Antonio Attini/Archivio White Star
Page 73 bottom Antonio Attini/Archivio White Star
Page 74 top A. Vergani/De Agostini Picture Library

Page 74 bottom A. Vergani/De Agostini Picture Library
Pages 74-75 Ashmolean Museum, University of Oxford
Pages 76-77 Photoservice Electa/Akg Images
Page 78 The Trustees of the University of Pennsylvania
Pages 80-81 Michael S. Yamashita/Corbis
Page 81 The Trustees of the British Museum
Page 82 top The Trustees of the University of Pennsylvania
Page 82 bottom TopFoto/ICP
Page 83 The Trustees of the British Museum
Pages 84-85 The Gallery Collection/Corbis
Pages 86 top, 86 bottom left, 86 bottom right The Trustees of the British Museum
Pages 87 top, 87 bottom The Trustees of the British Museum
Pages 88-89, 89 The Trustees of the British Museum
Page 90 BPK/Archivio Scala
Pages 92-93 The Trustees of the University of Pennsylvania
Page 93 BPK/Archivio Scala
Pages 94, 95 Antonio Attini/Archivio White Star
Page 96 Araldo De Luca/Archivio White Star
Pages 98-99 Araldo De Luca/Archivio White Star
Page 99 Courtesy of Archivi Schiaparelli
Page 100 top Araldo De Luca/Archivio White Star
Page 100 bottom Courtesy of Archivi Schiaparelli
Pages 100-101 Araldo De Luca/Archivio White Star
Page 102 left FMAE, Torino/Archivio Scala
Page 102 right Courtesy of Archivi Schiaparelli
Pages 102-103 Courtesy of Archivi Schiaparelli
Page 104 BPK/Archivio Scala
Pages 106, 108 left, 108 right, 109 BPK/Archivio Scala
Page 110 Rue des Archives
Page 112 top Griffith Institute, University of Oxford
Page 112 bottom Rue des Archives
Page 113 Griffith Institute, University of Oxford
Page 114 top Photos12.com
Page 114 bottom Rue des Archives
Pages 115 left, 115 right Araldo De Luca/Archivio White Star
Page 116 top Rue des Archives
Page 116 bottom Araldo De Luca/Archivio White Star
Pages 116-117 Rue des Archives
Page 118 Araldo De Luca/Archivio White Star
Page 119 top Araldo De Luca/Archivio White Star
Page 119 bottom Rue des Archives
Page 120 Araldo De Luca/Archivio White Star
Pages 120-121 Rue des Archives
Page 122 Araldo De Luca/Archivio White Star
Page 123 top IFPA/Agefotostock/Marka
Page 124 Keystone-France/Keystone/Eyedea Presse/Contrasto
Page 126 Pierre Montet 1930/Mission Française des Fouilles de Tanis
Page 127 A605/Gamma/Eyedea Presse/Contrasto
Page 128 Araldo De Luca/Archivio White Star
Page 129 top Araldo De Luca/Archivio White Star
Page 129 bottom Pierre Montet 1930/ Mission Française des Fouilles de Tanis
Page 130 Hulton-Deutsch Collection/Corbis
Pages 130-131 Araldo De Luca/Archivio White Star
Page 131 top Araldo De Luca/Archivio White Star
Page 131 center Araldo De Luca/Archivio White Star
Page 132 Keystone-France/Keystone/Eyedea Presse/Contrasto
Page 133 Araldo De Luca/Archivio White Star
Page 134 Araldo De Luca/Archivio White Star
Page 135 Araldo De Luca/Archivio White Star
Page 136 Giovanni Dagli Orti/The Art Archive
Page 138 Sergio Dorantes/Corbis
Page 139 Massimo Borchi/Archivio White Star
Page 140 Archivo de la maestra Celia Gutiérrez vda. de Ruz courtesy of Instituto Nacional de Antropología e Historia
Page 141 Antonio Attini/Archivio White Star
Pages 142-143 Antonio Attini/Archivio White Star
Page 144 Gordon Gahan/National Geographic Stock
Page 146 top The Granger Collection/Archivi Alinari, Firenze
Page 146 bottom Alfio Garozzo/Archivio White Star
Pages 146-147 De Agostini Picture Library
Page 148 top De Agostini Picture Library
Page 148 bottom De Agostini Picture Library
Pages 148-149 G. Dagli Orti/De Agostini Picture Library
Page 150 G. Dagli Orti/De Agostini Picture Library
Page 151 Gianni Dagli Orti/Corbis
Page 152 Thierry Olivier/Musée Guimet/Photo RMN
Page 154 RIA Novosti/TopFoto/ICP
Page 155 Sarianidi-Gamma/Gamma/Eyedea Presse/Contrasto
Page 156 top Sarianidi-Gamma/Gamma/Eyedea Presse/Contrasto
Pages 156 bottom, 157 top, 157 bottom, 158-159, 160-161, 161 Thierry Olivier/Musée Guimet/Photo RMN
Page 162 National Geographic/Getty Images
Pages 164-165 Museo Tumbas Reales de Sipán, Lambayeque
Page 166 top Heinz Plenge
Page 166 bottom Museo Tumbas Reales de Sipán, Lambayeque
Page 167 top Heinz Plenge
Page 167 bottom Museo Tumbas Reales de Sipán, Lambayeque
Pages 168-169 Museo Tumbas Reales de Sipán, Lambayeque
Page 169 Photoservice Electa/Akg Images
Page 170 Erich Lessing/Contrasto
Pages 172-173 Erich Lessing/Contrasto
Page 174 Stéphane Compoint
Pages 176-177 Stéphane Compoint
Pages 178-179 Stéphane Compoint
Page 179 Stéphane Compoint
Page 180 Marc Deville/Gamma/Eyedea Press/Contrasto
Pages 182-183 Kenneth Garrett/National Geographic Stock
Page 183 Marc Deville/Gamma/Eyedea Press/Contrasto
Page 184 top S. Vannini/De Agostini Picture Library
Page 184 bottom S. Vannini/De Agostini Picture Library
Pages 184-185 S. Vannini/De Agostini Picture Library
Pages 186-187 Kenneth Garrett/National Geographic Stock
Page 192 Archivio White Star
Page 194 René-Gabriel Ojéda/Photo RMN
Page 195 top G. Dagli Orti/De Agostini Picture Library
Page 195 bottom The Trustees of the British Museum
Page 196 De Agostini Picture Library
Pages 198-199 IFPA/Agefotostock/Marka
Page 199 The Trustees of the British Museum
Pages 200-201 Archivio White Star
Page 201 top Marcello Bertinetti/Archivio Whiet Star
Page 201 bottom Araldo De Luca/Archivio White Star
Pages 202-203 top Araldo De Luca/Archivio White Star
Pages 202-203 bottom Archivio White Star
Page 204 top E. T. Archive/De Agostini Picture Library
Page 204 bottom Archivio White Star
Page 205 Araldo De Luca/Archivio White Star
Page 206 Archivio White Star
Page 208 Corbis
Pages 208-209 Marcello Libra/Archivio White Star
Page 210 Archivio White Star
Page 211 Massimo Borchi/Archivio White Star
Pages 212-213 Marcello Libra/Archivio White Star
Pages 214-215 Archivio White Star
Page 215 Archivio White Star
Page 216 Musée Guimet/Photo RMN
Pages 218-219 Luca Invernizzi Tettoni/Tips Images
Page 219 Selva/Leemage/Photoservice Electa
Pages 220-221 Livio Bourbon/Archivio White Star
Pages 222-223 Archivio White Star
Page 223 Roger Viollet/Archivi Alinari, Firenze
Pages 224-225 Livio Bourbon/Archivio White Star
Page 226 Archivio White Star
Pages 228-229 Archivio White Star
Page 229 Archivio White Star
Pages 230-231 Archivio White Star
Page 232 The Granger Collection/Archivi Alinari, Firenze
Page 234 top National Geographic Stock
Page 234 bottom National Geographic Stock
Page 235 National Geographic Stock
Pages 236 The Granger Collection/Archivi Alinari, Firenze
Pages 236-237 Antonio Attini/Archivio White Star
Page 237 National Geographic Stock
Page 242 The Trustees of the British Museum
Pages 244-245 The Trustees of the British Museum
Page 245 top Mildehall Museum
Page 245 bottom The Trustees of the British Museum
Pages 246-247 The Trustees of the British Museum
Page 247 The Trustees of the British Museum
Page 248 The Trustees of the British Museum
Page 250 The Trustees of the British Museum/Photo RMN
Page 251 top The Trustees of the British Museum/Photo RMN
Page 251 center The Trustees of the British Museum
Page 251 bottom The Trustees of the British Museum
Page 252 The Trustees of the British Museum
Pages 252-253 The Trustees of the British Museum
Pages 254-255 Birmingham Museum and Art Gallery courtesy of Staffordshire County Council
Page 255 top Birmingham Museum and Art Gallery courtesy of Staffordshire County Council
Page 255 bottom Birmingham Museum and Art Gallery courtesy of Staffordshire County Council
Page 256 Itamar Grinberg/Archivio White Star
Page 258 top Zev Radovan/BibleLandPictures
Page 258 bottom Zev Radovan/BibleLandPictures
Page 259 The Israel Museum, Jerusalem
Page 260 Araldo De Luca/Archivio White Star
Page 262 Courtesy of Wang Tianyu
Pages 262-263 Courtesy of Xinhua News Agency
Pages 264-265 Courtesy of Wang Tianyu
Page 266 Araldo De Luca/Archivio White Star
Page 267 Araldo De Luca/Archivio White Star
Pages 268-269 Araldo De Luca/Archivio White Star
Page 270 Courtesy of Xinhua News Agency
Page 271 top Araldo De Luca/Archivio White Star
Page 271 bottom Araldo De Luca/Archivio White Star
Page 272 Araldo De Luca/Archivio White Star
Page 273 Araldo De Luca/Archivio White Star
Page 274 left Araldo De Luca
Page 274 right Araldo De Luca
Page 276 Araldo De Luca
Page 277 Courtesy of Giovannone Cosimo/Proloco di Riace (RC)
Page 278 Elisabeth Daynes/National Geographic Stock
Pages 278-279 National Geographic/Getty Images
Page 282 top 2005 Photographer P.Plailly/E.Daynes/Eurelios – Reconstruction: Elisabeth Daynes Paris
Page 282 bottom left NGM ART/National Geographic Stock
Page 282 bottom right NGM ART/National Geographic Stock
Page 283 2005 Photographer P.Plailly/E.Daynes/Eurelios – Reconstruction: Elisabeth Daynes Paris
Pages 284-285 Kenneth Garrett/National Geographic Stock